武将と合戦
超入門

戦国時代のひみつ

—乱世の歴史がわかる本—

両洋歴史研究会 著

Mates-Publishing

はじめに

戦国時代って、案外好き嫌いがあって、大好きな人はキャラクターが豊富でおもしろいというし、嫌いという人は登場人物が多過ぎて覚えるのが大変といいます。

ところで、戦国時代っていつごろからいつごろまでをいうのでしょう。

はじまりを1467（応仁元）年の応仁の乱前後とするのは、だいたい共通しているようですが、終りとなると諸説がいろいろあって、よくいわれるのは室町第15代将軍足利義昭が信長によって京都から追放された1573（天正元）年。他には、秀吉が九州を平定した3年後、つまり秀吉が小田原城攻めを行い、これによって北条氏が滅んだ1590（天正18）年とする説、そして、1600（慶長5）年の関ヶ原説、1615（元和元）年の大坂夏の陣説などがあります。両洋歴史研究会は、今回、大坂夏の陣説をとることにしました。というのは、戦国武将というと、歴史の柱は、やはり信長、秀吉、家康の3人、とするならば、やはり、関ヶ原の戦いを取り上げる必要があり、その戦いにおいて存在を輝かせた武将たちも数多くいます。

考えてみたら関ヶ原の戦いというのは関ヶ原という特定の狭い地域に、全国の武将たちが大勢の部下を引き連れてやって来た。その数15万8千人。それが、東軍、西軍に分かれて大激突するのです。そこには、友情、恩義、親代々からのしがらみ、利害、裏切り、どっちつかずなど、様々な人間模様が渦巻き、同じ日本人が、たった半日だけど、槍だ刀だ鉄砲だ、といって殺しあいます。それは、下克上から生き抜いてきた武将たちの最後のはれ舞台のように思えます。ならばやはり、関ヶ原を紹介したいし、だったら大坂冬・夏の陣も取り上げないとおさまりがつかない、と勝手に思った次第。

日本史をふり返ると、幕末の人間群像に興味をひかれる人が多いし、坂本龍馬、高杉晋作、西郷隆盛、勝海舟、大久保利通など、キラ星のような魅力一杯の人たちが、数多く日本史の舞台に登場します。と同様に調べていくと戦国時代も幕末に劣らずというか、むしろそれ以上に登場する人たちが多く、そのひとりひとりの人生をひもといていくと魅力一杯の人たちが実に多くいることに気づかされます。

戦国武将というと、どうしても勇猛果敢に戦場へ赴いた武将たちに心を奪われがちですが、たとえば名言が残されている武将、城下町作りや文化面で貢献した武将、勇猛果敢な有名武将のちょっとしたエピソード、ある出来事をなした武将、あまり有名ではないけど、ファンの多い武将というように、まさに十人十色といってもいいほど、魅力あふれる武将が数多くます。

高校生時代、日本史の時間で学んだ戦国武将は戦いに明け暮れ、勝つか負けるかばかりを考えている人たち、というように教えられた気がします。けれど、その勝つか負けるかを探っていくと、それぞれがあの重そうな鎧に身を包み、家族を思い、一族を後世に残すために知恵や知略をめぐらせています。勿論、武士である以上は、涙をのみ、そして耐えて御頭様のいわれるままに命を捧げ、赴きたくない戦場へ出陣しなければなりません。

御頭様は御頭様としての大変さ、仕える者は仕える者なりの大変さ。それは、あれから4百年、5百年がたった今日でも、社長は社長の大変さ、社員は社員としての大変さがあるわけだから、どこか似ているようにも思います。

とはいえ、この本は、歴史に学ぶビジネスノウハウ本ではありません。あくまでも、戦国武将が数多く登場する本ですから、やはりそれぞれの武将の人となりが知れて、その武将の魅力が感じられる一冊になることを願い私たちは制作にあたりました。

確かに、信長、秀吉、家康には魅力があります。でも、まだまだ魅力いっぱいの戦国武将がたくさんいることも知ってもらいたいし、この本が、そうした武将たちの再発見の一冊であったり、道しるべの一冊になることを願っております。

両洋歴史研究会

目次

※本書は2010年発行『戦国時代』の内容の確認と一部必要な修正を行い、書名・装丁を変更し再発行したものです。

第三章 戦国の合戦……89

第四章　戦国時代とは　123

第五章　戦国時代の暮らしと文化　135

第一章

戦国大名と戦国武将

人は命よりも、
名を惜しむものぞ。
みなの者、進め！
長宗我部 元親
我は兵を以て
戦ひを決せん。
塩を以て敵を
屈せしむる事など
しない。
上杉 謙信

Chapter 1

明智光秀《あけちみつひで》

ルイス・フロイスは、「裏切りや密会を好み、計略と策略の達人だった」と、光秀を評している。

DATA

- 1528（享禄元）年？〜1582（天正10）年
- 出身地・美濃国（滋賀県）
- 父・明智光綱、母・お牧の方
  ※両親名については、一般的にいわれている名前だが定かではない
- 通称・十兵衛、惟任日向守
- 主君・斎藤道三→朝倉義景→足利義昭→織田信長
- 享年・55歳？
- 戒名・秀岳院宗光禅定門ほか
- 墓所・西教寺（滋賀県大津市）、高野山奥の院（和歌山県伊都郡高野町）

信長の比叡山焼討ちで功績を挙げる

出自が不明でも、戦いで功績を挙げ実力を認めると、信長は領土を与えていった。その代表が秀吉と光秀。光秀が美濃の土岐氏一族で、明智城主の子どもとの説もあるが定かでなく、秀吉同様謎が多い。

光秀は、信長が足利義昭と対立しはじめたころに信長配下となり、1570（元亀元）年には、武将として秀吉とともに越前攻めに従軍。翌年、信長の※**比叡山焼討ち**で武功を挙げ、近江国滋賀郡に5万石を与えられている。そして坂本城を築城している。僧侶、上人だけでなく、児童までも殺戮し、首をはねたといわれる比叡山焼討ち。後処理に奔走した光秀は、信長の残忍性をどのように感じたのだろうか。

信長に認められた光秀は戦場を転々とする。そして1579（天正7）年、丹波攻めに出陣、平定する。翌年、丹波国を与えられ、亀山城主となった。

語学に通じ、和歌、茶の湯を好んだ文化人。領民を愛し、領民に愛された政治を行ったという光秀。愛妻家だったともいわれている。けれど、イエズス会の宣教師ルイス・フロイスは、「明智は裏切りや密会を好み、計略と策略の達人である」と、本国への手紙に書いている。また光秀は、「仏のうそは方便という。武士のうそは武略という。土民百姓はかわゆきことなり」といっている。

武士のうそは武略という光秀。本能寺で信長を襲撃した後の秀吉の中国大返《おおかえ》しが読めなかったのか、フロイスが策略の達人と称した光秀は、秀吉にあっけなく敗れ、逃走中に土民の凶刀に倒れた。

家紋 桔梗(ききょう)

明智の桔梗紋は、
最近、坂本龍馬でも
知られるようになった。

明智光秀の系図

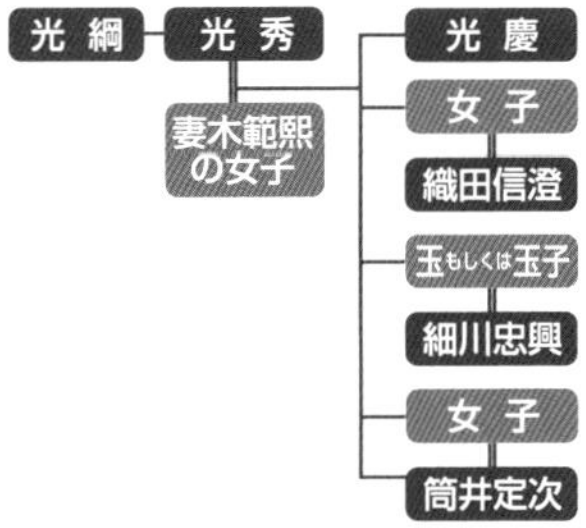

明智光秀の略年表

西・和暦	年齢	主な出来事
1528(享禄 元)年	1歳	生年が不明で1516年説もある。
1535(天文 4)年	7歳	父の光綱が死去。家督を相続する。
1556(弘治 2)年	29歳	長良川の戦いで斎藤道三につくが道三が敗死。越前へ逃れる。
1568(永禄11)年	41歳	信長を訪ねて義昭上洛の交渉に携わる。
1569(永禄12)年	42歳	鉄砲技術に優れた光秀を信長が取り込む。
1570(元亀 元)年	43歳	金ヶ埼の戦いで、秀吉、池田勝正と殿軍を務める。
1571(元亀 2)年	44歳	比叡山焼討ちを行う。坂本城の築城を開始する。
1575(天正 3)年	48歳	越前一向一揆を討伐する。
1576(天正 4)年	49歳	妻の煕子が病死。亀山城の築城を開始する。
1577(天正 5)年	50歳	松永久秀攻めで信貴山城の戦いに参戦する。
1582(天正10)年	55歳	安土城において家康の接待役を務める。本能寺にいた信長を討つ。秀吉との山崎の戦いに敗れ、土民に殺害される。

明智光秀 肖像

天正期様式の福知山城(京都市福知山)
1579(天正7)年、光秀は、丹波の拠点として、福知山城を築城した

明智光秀と関係した主な武将たち

蒲生賢秀《がもうかたひで》	1534年~1584年	光秀に、本能寺の変に誘われるが、信長への恩を大切にして拒絶した。
妻木広忠《つまきひろただ》	1514年~1582年	光秀の伯父(正室・煕子の父説あり)で、本能寺、山崎の戦いの後、妻木一族の墓前で自害して果てた。
斎藤利三《さいとうとしみつ》	1534年~1582年	光秀の謀反に反対したが、主君の命には逆らえず、首謀者のひとりとなる。
溝尾茂朝《みぞおしげとも》	1538年~1582年	光秀が信長に仕える前からの家臣。敗れて光秀と逃走し、光秀の命令で介錯をした。その後、光秀の首を坂本城に運び、自害して果てた。

戦国豆知識

細川ガラシャは光秀の娘

1563(永禄6)年、明智光秀の娘として生まれた玉は、信長の仲介で細川忠興と15歳で結婚。けれど、父が本能寺の変の首謀者だったことで幽閉され、2年後、秀吉の許しを得て細川家に戻る。すると今度は夫が玉を幽閉。そうしたなか、1587(天正15)年、夫が秀吉の九州征伐で出陣している時、玉は1度教会に行く。その後、バテレン追放令が出され、退去を知った玉は夫に内緒で入信し、「ガラシャ」という名前を授けられた。関ヶ原の戦いでは、石田三成の人質になることを拒み、玉はガラシャとして散った。享年38歳。

※〈比叡山焼討ち〉1571(元亀2)年に信長が行った戦いで、僧侶、学僧、上人、児童の首をはねたといわれている。

Chapter 2

浅井長政《あざいながまさ》

勢力拡大を続ける信長と古くから対立のあった朝倉氏。長政の選択肢は、朝倉氏を選ぶ道しかなかったのだろうか。

DATA

- 1545（天文14）年～1573（天正元）年
- 出身地・近江国（滋賀県）
- 父・浅井久政、母・小野殿
- 幼名・猿夜叉といい、のちに新九郎
- 主君・六角義賢
- 享年・29歳
- 戒名・養源院天英宗清
- 墓所・徳勝寺（滋賀県長浜市）

予想もしなかった長政の謀反

近江の浅井氏と六角氏の争いは、長政の祖父の亮政《すけまさ》にはじまり、家督が久政に移っても続いた。1553（天文22）年、**地頭山の戦い**※では浅井氏が大敗。六角氏は浅井氏を配下におき、長政が元服した際は、名前を、義賢《よしかた》の1文字を付けて賢政《かたまさ》と名乗り、重臣の平井定武の娘登代と結婚することとした。

六角氏の配下になることに不満だった長政は、六角氏と手を切るため登代と離縁、父の久政を隠居させてしまった。その後は名前も長政に変えている。

岐阜城の信長は、京への上洛を考えていた。そのためには、浅井氏と手を結ぶことが最善と考え、妹お市の方を、長政に輿入れさせた。そして、浅井と織田は同盟関係を結ぶこととなる。

信長と同盟を結んだ長政は、一時安泰だったが、義昭の信長包囲網に朝倉義景も加担していることを感じたため、1570（元亀元）年、朝倉攻めに動き出す。そして一乗谷にきた時、突然、長政が信長に反旗を翻して朝倉軍に加担。驚いた信長軍は騒然となり、信長は一旦兵を撤退し京都に戻った。

家康に応援を頼み、連合軍となった信長は、岐阜城を出発。姉川河畔で浅井、朝倉連合軍と一戦をまじえるが（姉川の戦い）、ともに決定打に欠け、勝敗の決着は3年後となった。

1573（元亀4）年に、信長は再び長政の小谷城を攻め、追い詰められた長政は、お市を信長のもとに返し、小谷城で自害し果てた。そして3年間にわたる戦いは幕を下ろし、浅井氏は3代で滅亡する。

家紋 三つ盛二重亀甲に剣花菱
（みつもりにじゅうきっこうにけんはなびし）

亀甲紋を三角形の三つ盛にして、
吉祥（めでたい印の意味）を表している。

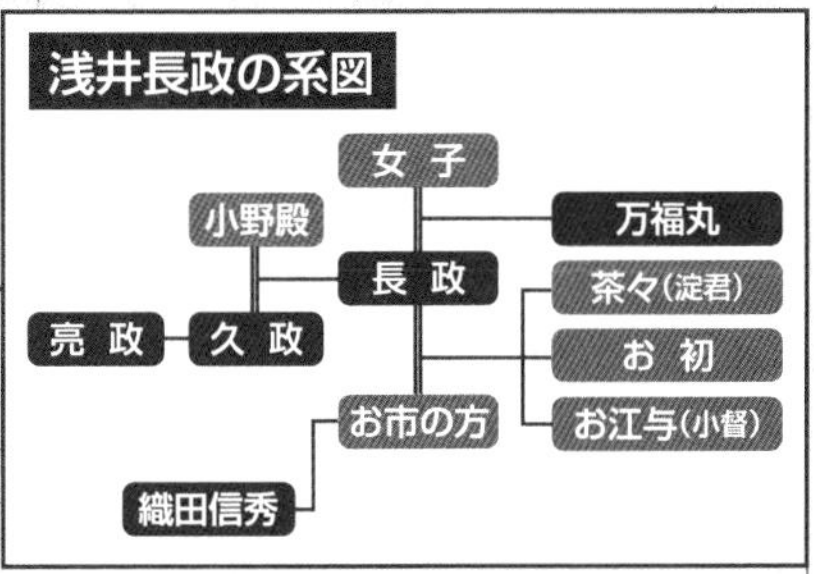

浅井長政の略年表

西・和暦	年齢	主な出来事
1545（天文14）年	1歳	大名浅井久政の嫡男。
1559（永禄 2）年	15歳	元服して賢政と名乗らされ、平井定武の娘、登代と結婚させられる。
1560（永禄 3）年	16歳	六角軍との野良田の戦いで初陣し勝利する。その後、父、久政を竹生島に追放して隠居を強要。家督を相続する。妻を実家に戻して、新九郎と改名する。
1561（永禄 4）年	17歳	六角氏に奪われていた佐和山城を奪い返す。
1567（永禄10）年	23歳	お市の方と結婚し、信長との同盟を受け入れる（1564年、永禄7年説もある）。名前も信長から一文字もらい、長政となる
1568（永禄11）年	24歳	義昭上洛の途上で、信長が六角氏を攻撃。浅井家も上洛の援護に加わる。
1570（永禄13/元亀元）年	26歳	信長の朝倉攻めに際し信長に反逆。信長包囲網に反織田軍として加わる。姉川の戦いで信長に敗れる。横山城が陥落し、小谷城へ敗走する。
1572（元亀 3）年	28歳	信長による小谷城攻めがはじまる。
1573（天正 元）年	29歳	小谷城で自害する。

浅井長政 肖像

謎のひとつ、「万福丸」

戦国時代の謎のひとつが、浅井長政の嫡男万福丸だ。万福丸の母がお市の方なのか、最初に政略結婚した登代なのか定かでない。また、秀吉による磔処刑説も、こっそり逃がした話もあり、享年10歳という年齢だけが残されている。

浅井長政と関係した主な武将たち

朝倉義景《あさくらよしかげ》	1533年〜1573年	越前国一帯を支配し、信長と対立する。小谷城の戦いでは長政の援軍となるが、一乗谷城の戦いで自刃。
遠藤喜右衛門尉直経《えんどうきえもんのじょうなおつね》	1531年〜1570年	姉川の戦いでは信長本陣に近づき、信長を討とうとするが討ち取られる。
赤尾清綱《あかおきよつな》	1514年〜1573年	長政の評定会に参加する浅井氏の筆頭家老で、小谷城の戦いで敗北し、自刃する。
木村太郎次郎《きむらたろうじろう》	不　詳	長政の家臣で、小谷城で長政を介錯したとされている。

戦国豆知識

戦国一の美女の政略結婚は晩婚だった

長政の妻となったお市の方は、信長の妹とされているが、信長の従兄弟の興康《おきやす》の娘という説もある。長政に輿入れしたのが21歳。この21歳という年齢は、当時の政略結婚としては晩婚で、政略結婚の場合、多くの女性は早い年齢で輿入れしている。ちなみに、長政が最初に結婚した登代はわずか12歳。斎藤道三の娘で信長と結婚した濃姫（帰蝶）は14歳だった。お市の方は戦国一の美女とのこと。信長は出し惜しみしてたのか、以前に輿入れ経験があったのか、結婚させる我が娘がいなくなったから、従兄弟の娘を利用したのか、歴史の一寸した謎に思える。

※〈地頭山の戦い〉浅井氏と六角氏の戦いで、敗れた浅井氏は和議を申し出て、六角氏に服属的な立場となる。

Chapter 3

足《あし》利《かが》義《よし》昭《あき》

仏門の世界に入り、静かな日々を過ごしていた義昭は、永禄の変によって、歴史の大きな変化のなかにのみ込まれていった。

DATA

- 1537（天文6）年～1597（慶長2）年
- 出身地・山城国（京都府）
- 父・足利義晴、母・慶寿院
- 別名・鞆公方
- 幼名・千歳丸
- 享年・61歳
- 戒名・霊陽院昌山道林
- 墓所・等持院（京都府京都市北区）

信長に出会い、上洛する義昭に待っていたのは

慣例として足利将軍家は、家督相続者以外の子は仏門に入ることになっていた。だから義昭も、第12代将軍足利義晴の子とはいえ、兄の義輝が家督を相続するため、奈良の興福寺一乗院に入り、**門跡**《※もんぜき》となった。僧名は一乗院覚慶《かくけい》。

1565（永禄8）年、永禄の変が勃発。第13代将軍の兄義輝と母の慶寿院が、三好三人衆らに惨殺され、義昭も興福寺に幽閉された。その後、義輝の家臣で、室町幕府の再興に尽力する細川藤孝（剃髪後は幽斎）らによって奈良を脱出。近江に逃れた義昭は、還俗《げんぞく》して義秋と称し、元服後は義昭と名乗る。

藤孝らと連絡を取り合い、上洛の機会を探る義昭。最初は、越前の朝倉義景を頼るが、朝倉氏に上洛する意思がないと知り、朝倉氏のもとにいた明智光秀の仲介で、尾張の信長と会うこととなる。

天下統一を目指す信長は、義昭を擁して上洛。義昭は義栄に変わって第15代将軍となった。けれど、実権を握ろうとする信長との間に確執が生じ、義昭に信長から殿中御掟9箇条が出され、さらに5箇条が追加され、将軍としての行動や権力が制限されることで、ついに信長に対して反旗を翻した。

武田氏、朝倉氏などの力を借りて信長包囲網を敷き、2度の反乱（1度目は和睦する）を起こして敗れ、京都を追放される。そして1588（天正16）年、義昭は将軍職を辞し、室町幕府の幕が下りる運命に遭遇する。その後、昌山道休《しょうざんどうきゅう》と号し、再び僧に戻った義昭は、61歳で人生を終えた。

家紋　丸に二引両（まるににひきりょう）

足利氏の「丸に二引両」は、
「足利二つ引」と呼ぶことが多く、
黒の二引にポイントをおいている。

足利義昭の系図

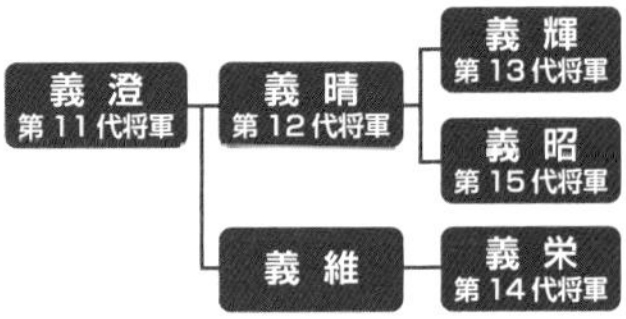

足利義昭の略年表

西・和暦	年齢	主な出来事
1537（天文 6）年	1歳	将軍足利義晴の次男として生まれる。
1542（天文11）年	6歳	興福寺の塔頭、一乗院の門跡に入室。覚慶となる。
1565（永禄 8）年	29歳	永禄の変が起きて、兄の将軍義輝が暗殺される。一条院から近江の和田城へ逃げる。
1566（永禄 9）年	30歳	還俗して名前を覚慶から義秋に変える。その後、武田の若狭へ。そして朝倉の越前敦賀へ行く。
1568（永禄11）年	30歳	信長を頼り、擁されて上洛する。光秀と細川藤孝が支えたといわれている。名前は義昭。足利15代将軍となる。
1569（永禄12）年	31歳	三好三人衆に襲われるが難を逃れる。「殿中掟」が制定される。
1570（永禄13/元亀元）年	32歳	朝倉対信長の、和睦の仲裁に入り、信長を助ける。
1573（天正 元）年	37歳	信長との共同政治に不満を持ち、毛利、朝倉などの反信長軍を頼って反旗を翻すが失敗する。その後、京都を追われて毛利の鞆の浦へ。
1587（天正15）年	51歳	毛利の鞆の浦から帰京して秀吉の臣下となる。
1588（天正16）年	52歳	将軍職を辞して出家し昌山となる。
1597（慶長 2）年	61歳	死去し、葬儀が京都の等持院で行われる。

足利義昭 肖像
信長包囲網を敷くが、功を奏せず、室町幕府最後の将軍となる

足利義昭と関係した主な武将たち

山岡景友《やまおかかげとも》	1540年～1604年	義昭追放後、信長につき、還俗して景友と名乗る。関ヶ原の戦いでは家康に味方している。山岡道阿弥の名でも知られている。
細川藤孝《ほそかわふじたか》	1534年～1610年	永禄の変で将軍義輝が暗殺されると、義昭を奈良から脱出させて、幕府再興に尽力した。義昭と信長が対立すると、信長に恭順の意を示す。
村上亮康《むらかみすけやす》	不詳	瀬戸内海に制海権をもつ村上一族のひとり。京を追われた義昭が鞆に滞在した時に警護した。
毛利輝元《もうりてるもと》	1553年～1625年	豊臣政権五大老の一人。関ヶ原の戦いでは、西軍の総大将に祭り上げられるが、大坂城から出陣することはなかった。

戦国豆知識

信長からの殿中御掟《でんちゅうおんおきて》9箇条

信長は、義昭の将軍権力を制限するため、1569（永禄12）年に9箇条の御掟を作成、義昭に承認させた。内容は、幕臣の家来が御所に用向きがある際は、信長の許可を得ることとあり、2日後には追加で7箇条が、さらに翌年には、諸国の大名に将軍の案内状を出す必要がある時は、必ず信長に報告して信長の書状も添えること、天下の政治は何事につけてもこの信長に任せ、といった内容が書かれた5箇条が追加され、義昭はいずれも承認させられた。このことで信長の政治介入がさらに独裁的になり、2人の関係は急速に悪化していった。

※〈門跡〉皇族や貴族が住職を務める特定寺院や住職のことをいい、室町時代には、寺の格式として「門跡」が確立した。

Chapter 4

安《あん》国《こく》寺《じ》恵《え》瓊《けい》

容貌が頭でっかちだったことで、「鉢ひらきのような坊主」とからかわれた時、人を外見で判断するものではない、と語った。

DATA

- 不詳〜1600（慶長5）年
  ※1537（天文6）年、1539（天文8）年という説があり、詳細不明
- 出身地・安芸国（広島県）
- 父・武田信重、信重の父、伴繁清を父とする説あり、母・不詳
- 幼名・竹若丸、辰王丸、法名・恵瓊
- 法号・瑤甫・正慶
- 師・竺雲恵心
- 享年・不詳
- 墓所・建仁寺本坊内の庭の首塚（京都府京都市東山区）、不動院（広島県広島市）

還俗《げんぞく》せずに大名となった 毛利氏の外交僧

安芸国の守護大名武田信重の子で、幼いころは竹若丸とよばれていた。毛利元就が武田氏攻めを行った1541（天文10）年、父の兄（光和）が城主だった佐東銀山城《さとうかなやまじょう》が落城。竹若丸は家臣に連れられ、安芸の安国寺へと逃げ込んだ。以後、僧侶の道を志し、京都に上って東福寺住持の竺雲恵《じくうんえ》心《しん》に弟子入り。臨済宗の僧となる。そして、名前を師の竺雲恵心から1文字もらい、恵瓊となった。

再び安芸に戻った恵瓊は、やがて安国寺の住持となるが、学識豊かで弁舌にも長けていた師匠の恵心が、毛利氏との深いつながりを持っていたことから、恵瓊も次第に政治と関わるようになり、毛利氏の外交僧となる。

1570（元亀元）年、毛利氏が大友宗麟と和議を結ぶ時に、恵瓊は足利義昭のもとに派遣され、信長と和平交渉を行い、見事に和睦を成功させた。また、本能寺の変が起きた時にも、毛利氏を説得し、高松城で毛利勢相手に苦戦していた秀吉に対して、有利な和議を行った。その時、毛利家家臣から、頭がでかいという容貌の中傷と非難を受けた。信長の後は秀吉の時代という確信を持っていた恵瓊は、「今は人を外見でとやかくいう時でなく、人の真心を見る時ではないか。どうか私の誠心を見てほしい」と語ったといわれている。

※**還俗**しないまま大名となった恵瓊は、関ヶ原の戦いで毛利輝元を担ぎ出し、西軍に加わるが、石田三成、小西行長とともに京都の六条河原で斬首された。

家紋 **武田菱（たけだびし）**

武田信玄と同一で、
丸に武田菱は
高杉晋作も使用している。

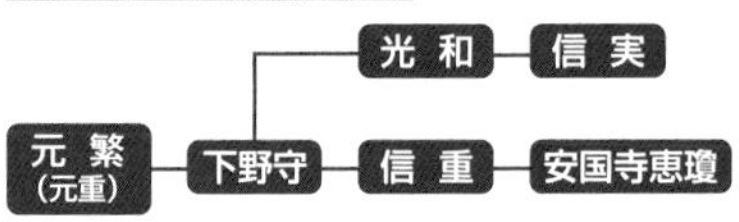

安国寺恵瓊の略年表

西・和暦	年齢	主な出来事
1539(天文 8)年	―	この年とされるが諸説あり。
1543(天文10)年	―	大内氏との戦いで武田氏が滅亡。安国寺へ逃れ、京都東福寺で出家する。その後、毛利氏の外交僧になる。
1570(元亀 元)年	―	豊後国の大友氏との和睦を行って成功する。
1573(天正 元)年	―	安国寺の住職となる。
1574(天正 2)年	―	京都東福寺の住職になる。
1582(天正10)年	―	本能寺の変が起きる。秀吉と毛利氏の和睦をまとめる。
1585(天正13)年	―	四国閉廷後に伊予に領地が与えられる。その後も石高が増え、僧侶でありながら大名となる。
1586(天正14)年	―	九州攻めで秀吉側近として参戦し、6万石となる。
1590(天正18)年	―	秀吉の小田原城攻めに貢献する。
1592(文禄 元)年	―	文禄の役で、小早川隆景に従軍して朝鮮へ。
1597(慶長 2)年	―	毛利家一族の小早川隆景の死後、家康側につこうとする吉川広家と対立する。
1599(慶長 4)年	―	京都建仁寺に安国寺の方丈を移築する。
1600(慶長 5)年	―	禅宗の最高位、京都南禅寺の住職になる。関ヶ原の戦いでは、毛利輝元を担ぎ出し、石田三成軍につくが敗戦。京都六条河原で斬首される。

安国寺恵瓊像
（広島市東区の不動院蔵）
毛利氏の外交僧として手腕を発揮するが、後年は秀吉のブレーンとして活躍

安国寺恵瓊と関係した主な武将たち

毛利輝元《もうりてるもと》	1553年～1625年	恵瓊の画策により、関ヶ原の戦いでは、西軍（石田三成側）の総大将に祭り上げられる。敗戦後は広大な領土を失う。
吉川広家《きっかわひろいえ》	1561年～1625年	毛利輝元を支え、関ヶ原の戦いでは、輝元に東軍（家康側）につくよう提言するが、輝元は知らないうちに総大将に祭り上げられていた。広家は、兵を動かさない密約を東軍の黒田長政とかわしていたという説がある。

戦国豆知識

信長を見抜いた男

1573（天正元）年12月、知人宛の書簡に、恵瓊は「信長の代は、5年、3年続くでしょう。明年あたりは朝廷の要職にも就くのではないでしょうか。その後、高ころびにあおむけにころばれるように見えます。藤吉郎という者はなかなかの人物であります」と綴っている。信長に将軍職を追放された義昭が、信長との講和を毛利輝元に頼んだことで、恵瓊は輝元の、秀吉（そのころは藤吉郎）は信長のそれぞれの代理として、講和にあたった。書簡は、恵瓊が秀吉との面会後に書かれたものとされ、9年後、信長は書簡どおりになってしまった。

※〈還俗〉出家して僧籍に入った者が、再び俗人に戻ることで、帰俗ともいう。

Chapter 5

石田三成《いしだみつなり》

前線で戦わないが、人員、物資輸送、講和交渉などの事務処理能力に優れていた三成。秀吉にとっては名参謀だった。

秀吉が評価した優秀な実務者

石田三成は、正継の次男として生まれ、幼名を佐吉といった。

秀吉との出会いは1570（元亀元）年ごろ。この年、姉川の戦いで敗れた浅井長政に代わり、信長から近江の横山城城番《しろばん》を任命されたのが秀吉だった。当時、三成の父が豪族という地元有力者だったことから、父との関係で、秀吉との接点が生まれたと思われる。その後、秀吉が近江に長浜城を築城するころには秀吉に仕えていて、以後、秀吉の幾多の合戦に従軍し、前線での戦闘よりも、事務処理面で成果を挙げていた。そのため、前線で命をかけて戦っている武将たちとの対立はあったが、兵糧や、武器、人員の補給や輸送を計算して戦う頭脳戦こそが、秀吉流の合戦だったため、むしろ秀吉にとっては、よき参謀だったと思われる。また、三成も秀吉の考え方を理解し、勝利に対して貢献している。

三成の実務能力は、太閤検地でも遺憾なく発揮され、報酬として、秀吉は九州に33万石の領地を用意したが、「私が九州の大名になると、大坂で行政を担当する者がいなくなってしまいます」と、三成は断ったという。また、秀吉も、「有能な実務者は豪胆な武将以上に得がたい」と三成を称している。

関ヶ原の戦い後、三成は、京都の**六条河原**※で斬首された。処刑を前にして、「私が大軍を率いて、天下分け目の軍《いくさ》をしかけることは、天地にどのようなことがあっても隠せないことだ。私は、ちっとも心に恥じることはない」と、語ったと伝えられている。

DATA

- 1560（永禄3）年～1600（慶長5）年
- 出身地・近江国（滋賀県）
- 父・石田正継、母・岩田氏
- 幼名・佐吉、その後は三也、三成となる
- 主君・豊臣秀吉→豊臣秀頼
- 享年・41歳
- 戒名・江東院正軸因公大禅定門
- 墓所・大徳寺（京都府京都市北区）

家紋 **大一大万大吉**

（だいいちだいまんだいきち）

「一」「万」「吉」に
大の字をからませて、縁起の良さを表現している。

石田三成の系図

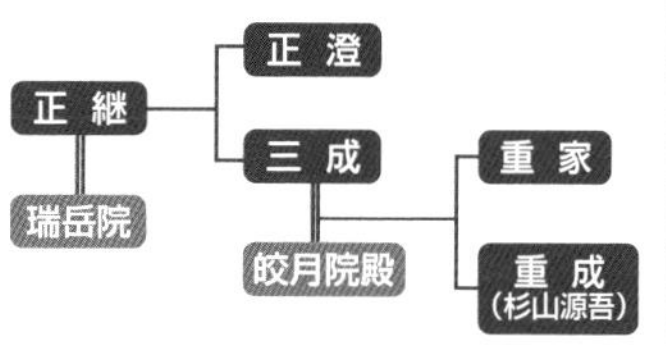

石田三成の略年表

西・和暦	年齢	主な出来事
1560（永禄 3）年	1歳	近江国に二男二女の次男として生まれる。
1574（天正 2）年	15歳	この頃から小姓として秀吉に仕える（1572年説もある）。
1582（天正10）年	23歳	秀吉の山崎の戦いに従う。
1583（天正11）年	24歳	賤ヶ岳の戦いでは、敵の柴田勝家軍の偵察行動をして勝利に貢献する。この頃から秀吉は太閤検地を始め、三成が担当する。
1584（天正12）年	25歳	小牧。長久手の戦いに従軍する。
1585（天正13）年	26歳	秀吉が関白に就任し、従五位下治部少輔として五奉行の一人になる。
1587（天正15）年	28歳	九州征伐に参戦して兵糧などの仕事を行う。
1590（天正18）年	31歳	秀吉の小田原城攻めに参戦する。
1592（文禄 元）年	33歳	文禄の役では、総奉行として朝鮮に渡るが、戦い方で加藤清正との対立が生じ始める。
1595（文禄 4）年	36歳	佐和山城主となる。石高は約20万石。
1598（慶長 3）年	39歳	秀頼をまもるための起請文を作成する。
1599（慶長 4）年	40歳	清正らの襲撃を受けて佐和山城へ逃げ、隠退する。
1600（慶長 5）年	41歳	関ヶ原の戦いに敗れて敗走。その後捕らえられて、京都六条河原で斬首される。

滋賀県長浜駅前に立つ、秀吉と三成の「出会いの像」

石田三成と関係した主な武将たち

島清興《しまきよおき》	1540年～1600年	島左近の名で広く知られている。三成に過ぎたるもの2つあり。「島の左近と佐和山の城」といわれた三成の重臣。
大谷吉継《おおたによしつぐ》	1565年～1600年	関ヶ原の戦いでは、敗北を予測しながら三成との友情を重んじて参戦した。
福原長堯《ふくはらながたか》	不　詳～1600年	三成の妹を妻にする。慶長の役では朝鮮に渡り、軍令違反を秀吉に報告。文治派と武断派が対立することになる。
田中吉政《たなかよしまさ》	1548年～1609年	関ヶ原の戦い後、石田三成を捕縛した功績で筑後国を与えられた。

戦国豆知識

加藤清正に恨みをかった三成

秀吉政治の汚点となった朝鮮出兵。三成は無益を訴えて反対したが、１５９２（文禄元）年、文禄の役ははじまった。当初秀吉軍は優勢だったが、戦況は次第に泥沼化。そこで小西行長は、秀吉に偽ってでも和平を成立させ、文禄の役を終わらせたい、と考えた。もともと反対だった三成も賛成した。けれど加藤清正は反対。そこで三成は、清正が、戦線を無理して拡大させ、問題行動を起している、と秀吉に報告。清正は秀吉から謹慎処分を受けてしまう。このことで、三成は清正に恨みをかい、関ヶ原の戦いでは、袂を分ける原因のひとつになる。

※〈六条河原〉京都市内を流れる鴨川の河原にあった処刑場で、三成たちの首は、三条大橋のたもとに晒されたといわれている。

Chapter 6

今川義元《いまがわよしもと》

化粧にお歯黒。
公家文化に傾倒しているかのように見える義元だが、
父の意思を継いで内政面の充実を図った名将。

DATA

- 1519(永正16)年〜1560(永禄3)年
- 出身地・駿河国(静岡県)
- 父・氏親、母・寿桂尼
- 幼名・芳菊丸、武田信玄の義兄
- 幕府・室町幕府 駿河・遠江・三河守護職
- 享年・42歳
- 戒名・天沢寺殿四品前礼部侍郎秀峰哲公大居士、天澤寺秀峯哲公
- 墓所・桶狭間古戦場伝説地(愛知県豊明市)、高徳院(愛知県豊明市)、臨済寺(静岡県静岡市)、観泉寺(東京都杉並区)

東海一の弓取りとよばれた義元

幼名を芳菊丸といった義元は、今川家の5男だったため、跡継ぎの権利がなく、4歳で富士郡瀬古の善徳寺に入り、承芳と名乗った。その後、今川家の家督を継いだ氏輝、兄の彦五郎と相次いで急死。義元が今川家の第9代当主となった。善徳寺で、義元の教育係をしていたのが禅僧の太原雪斎《たいげんせっさい》で、雪斎は、後に義元も加わる**甲相駿三国**《※こうそうすんさんごく》同盟締結に関与するなど、義元を外交面で支えていくことになる。

1548(天文17)年の小豆坂の戦いでは、今川松平軍が信長軍に勝利し、義元は、織田家にいた松平竹千代(家康の幼名)を人質として駿府に引き取った。

足利一門で守護大名の今川家は、将軍職を引き継ぐ権利を持つ名家。松平家は格下の家柄だったが、義元は人質だった竹千代を元服させ、鷹狩りに同行させたり、自らの師である雪斎を指導にあてている。また、正室として自分の姪(後の築山殿)を与え、後継者教育をしているかのように優遇している。

化粧にお歯黒をしていたと伝えられる義元は、父が作った『今川仮名目録』に21箇条の分国法を追加。さらに、検地を徹底し、寄合寄子《よりあいよりこ》制による軍事力強化、また、商業活動の保護や殖産産業促進など、内政面に対しての多くの改革を行っている。

駿河、遠江、三河を傘下とし、東海一の弓取りとよばれた義元は、1560(永禄3)年、大軍を率いて尾張の信長攻めに向かう。けれど、逆に信長の攻撃によって、桶狭間で命を落としてしまった。

家紋 **丸に二引両(まるににひきりょう)**

足利氏と関係があるため、
足利氏同様、
二引き系の紋を使用している。

今川義元の系図

今川義忠 ― 氏親
氏親 ＝ 寿桂尼
　├ 氏輝
　├ 彦五郎
　└ 義元
義元 ＝ 定恵院殿
　└ 氏真

今川義元の略年表

西・和暦	年齢	主な出来事
1519(永正16)年	1歳	今川氏親の三男として生まれる。
1522(大永 2)年	4歳	駿河の善徳寺の仏門に入る。
1531(享禄 4)年	13歳	太原雪斎と建仁寺に入り、得度して梅岳承芳になる。
1536(天文 5)年	18歳	花倉の乱が起きる。環俗して今川家の当主となる。
1537(天文 6)年	19歳	武田信虎の娘を正室に迎え、武田氏と甲斐同盟を結ぶ。
1545(天文14)年	27歳	上杉憲政と同盟を結ぶ。第二次河東一乱。
1548(天文17)年	30歳	第二次小豆坂の戦い。駿河、遠江、三河の三国を領国とする。
1553(天文22)年	35歳	「仮名目録追加21条」を補訂する。
1554(天文23)年	36歳	甲相駿三国同盟が結ばれる。
1558(永禄 元)年	40歳	氏真に家督を譲って隠居する。
1560(永正 3)年	42歳	桶狭間の戦いで信長軍に討たれる。

今川義元
「天下に最も近かった男」と呼ばれたが、信長に討たれてしまった

桶狭間古戦場(豊明市)
義元の戦死地のひとつとされている

今川義元と関係した主な武将たち

毛利良勝《もうりよしかつ》	不　詳～1582年	信長に仕え、桶狭間の戦いでは、義元の首を取り上げた。その後、黒母衣衆のひとりとなる。
松井宗信《まついむねのぶ》	1515年～1560年	今川氏の主要家臣で義元の近従を務めていたが、桶狭間の戦いで戦死する。
織田信秀《おだのぶひで》	1511年～1552年	信長の父で、今川・松平連合軍の義元とは「小豆坂の戦い」で対決している。
竹千代《たけちよ》	1542年～1616年	徳川家康の幼名で、6歳ころから駿河で義元の人質となるが、義元は竹千代に様々な教育をほどこし、姪を正室として結婚させている。

戦国豆知識

今川仮名目録

義元の父氏親が、1526(大永6)年に制定した分国法で、33条からなる家法となっている。分国法は、戦国大名が領国内を統治するうえで円滑に行うための法律規範で、武士としての心がまえや家族について、生活スタイルを記したものである。義元は、父の作ったものに、その後『仮名目録追加21条』として追加し、家臣の考え方や、父親が亡くなった後の相続問題などにもふれている。なお武田信玄も、1547(天文16)年に『甲州法度次第』という分国法を制定しているが、今川仮名目録に影響を受けて作られたものといわれている。

※〈甲相駿三国同盟〉武田信玄・北条氏康・今川義元の和平協定。互いの娘が嫡子に嫁ぐ婚姻同盟でもある。1554(天文23)年成立。

Chapter 7

上《うえ》杉《すぎ》謙《けん》信《しん》

信長を称して、案外弱い者と手紙に書き、英雄人傑とは信玄のような人と語った謙信。けれど天下統一はならなかった。

DATA

- 1530(享禄3)年～1578(天正6)年
- 出身地・越後国(新潟県)
- 父・長尾為景、母・青岩院(虎御前)
- 幼名・虎千代、その後は景虎、政虎ともいい、将軍足利義輝の1文字を賜り、輝虎と改名している。
- 主君・上杉定美→上杉憲政→足利義輝→足利義昭
- 享年・49歳
- 戒名・不識院殿真光謙信
- 墓所・上杉家廟所(山形県米沢市)、春日山林泉寺(新潟県上越市)、高野山(和歌山県伊都郡高野町)ほか

兄に代わって春日山城に入る

愛用の**馬上盃**※が残されているほどのお酒好きだった謙信は、「四十九年一睡夢、一期栄華一盃酒」という辞世の句を残している。

寅年生まれにちなみ、幼名を虎千代、元服後は景虎、輝虎と名乗った。謙信名は出家した時の号である。謙信は、越後守護代だった父長尾為景が40歳を過ぎてからの子どもで、家督は18歳年上の兄晴景が継ぐことになっていた。そのため期待されずにいた謙信だったが、14歳の時、兄に代わって出陣。初陣にも関わらず功績を挙げる。以後、家督相続は病弱気味の兄よりも、戦略、戦術面に優れた謙信がふさわしいという気運が高まり、1548(天文17)年、兄に代わって謙信が春日山城に入った。

「運は天にあり、鎧は胸にあり、手柄は足にあり」という戦陣訓のもと、謙信は、川中島で信玄と5度戦い、2度の上洛、13回の関東出陣など、戦場に数多く立っているが、鶴子《つるし》銀山や佐渡郡の金銀山開発が、戦いの重要な財源となっていた。謙信は亡くなる半年ほど前に、湊川(手取川)河畔で信長軍と戦い、自らの勝ち戦を称して、「信長と雌雄を決する覚悟で臨んだが、案外弱く、この分なら天下を統一するのは簡単です」と国元に書き送っている。

身長6尺余りの長身で目つきが鋭かったという謙信は、1573(天正元)年春、春日山城で信玄の訃報を聞かされた時、「英雄人傑とは信玄のような人のことをいうのだ」と語り、涙を流したという逸話が残されている。

家紋 竹に雀（たけにすずめ）

謙信が、上杉憲政から、
関東管領職を譲られた時に
贈られたとされている。

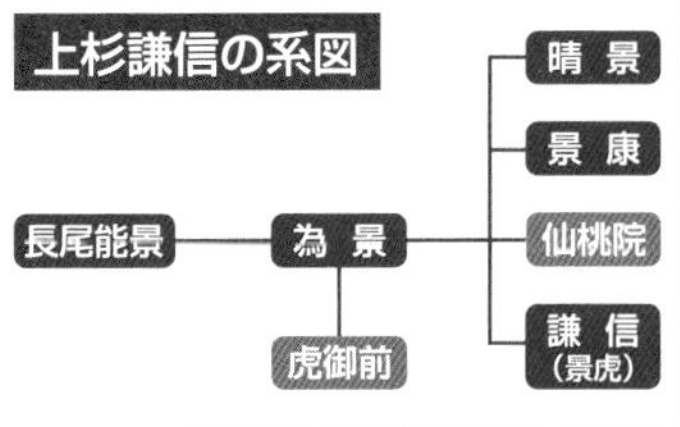
※義父は山内上杉家14代当主・上杉憲政

上杉謙信の略年表

西・和暦	年齢	主 な 出 来 事
1530（享禄 3）年	1歳	長尾為景の四男として生まれる。
1536（天文 5）年	7歳	春日山城下の林泉寺に入門する。
1543（天文12）年	14歳	元服して景虎と名乗り、栃尾城城主となる。
1548（天文17）年	19歳	上杉家の家督を相続。守護代となる。 春日山城入城。
1553（天文22）年	24歳	上洛して将軍、天皇に謁見。 第1次川中島の戦い。
1556（弘治 2）年	27歳	越後の統一に成功する。
1557（弘治 3）年	28歳	第3次川中島の戦い。
1561（永禄 2）年	32歳	関東管領に就任する。
1573（天正 元）年	44歳	越中を平定する。
1574（天正 2）年	45歳	北条氏に対抗して関東に出陣する。 剃髪して法印大和尚に任ぜられる。
1578（天正 6）年	49歳	春日山城で病死する。

上杉謙信 肖像（米沢市上杉博物館蔵）
越後の虎とも龍とも称された

上杉謙信と関係した主な武将たち

直江景綱《なおえかげつな》	1509年?～1577年	長尾氏3代にわたって仕え、謙信のもとでは実績が認められ、名前の1字「景」を受けて景綱となった。
北条高広《きたじょうたかひろ》	1517年?～1587年?	長尾氏に仕えていたが、謙信に背いて信玄に寝返る。しかし再び謙信のもとに戻り、謙信は迎え入れて役職を与えた。第4次川中島の戦いに出陣する。
柿崎景家《かきざきかげいえ》	1513年?～1574年	武勇、政務に優れていて、春日山城の留守役を務める。第4次川中島の戦いでは、先陣を務めて武田信玄の本陣に攻め込んだ。
竹俣慶綱《たけのまたよしつな》	1524年～1582年	謙信に仕え、第4次川中島の戦いでは賞賛される。

上杉謙信と名前

虎千代（とらちよ）	1歳ころから	誕生してまもなく幼名として付けられた。生まれた年の干支にちなんだとされている。
長尾景虎（ながおかげとら）	14歳ころから	元服後の名前で、父の為景から「景」の1文字をつけたと思われる。
上杉政虎（うえすぎまさとら）	32歳ころから	関東管領の山内上杉氏の最後の当主でもある上杉憲政が、越後の謙信を頼って亡命。上杉家の家宝や系譜に、関東官領職を譲渡され、名前の1文字「政」をもらい、上杉姓を名乗るようになる。
上杉輝虎（うえすぎてるとら）	33歳ころから	足利将軍義輝から1文字「輝」をもらって改名した。
不識庵謙信（ふしきあんけんしん）	41歳ころから	晩年には真言宗に傾倒していた謙信は信心深く、この名前は出家した時の法号でもある。

戦国豆知識

敵に塩をおくる

上杉謙信と武田信玄が相対した「川中島の戦い」から生まれた「敵に塩をおくる」。これは当時、今川氏と結んでいた同盟を信玄が破棄し、新たな戦略をたてようとすると、今度は今川氏が北条氏と手を組み、信玄領内への「塩留め」を行った。甲斐の盆地にあったため、塩が生産できずに領民は苦しむ。そこへ手をさしのべたのが謙信で、たとえ川中島で戦っている敵であろうとも、正々堂々と戦うためには、相手の窮状をも救う。ということで塩を送ったとされている。逸話ではあるが、2人の名将ぶりを際立たせる話として、伝えられている。

※〈馬上盃〉お酒が強かった謙信愛用の直径12cmほどの盃や、馬にまたがって呑んだと思われる馬上盃も上杉神社に残されている。

Chapter 8

大内義興《おおうちよしおき》

前将軍の足利義稙(よしたね)を擁して上洛。以後10年間、義稙を復権させた義興は、管領代として幕政に参画した。

DATA

- 1477(文明9)年～1528(享禄元)年
- 出身地・長門国(山口県)
- 父・大内政弘、母・山名宗全の養女
- 幼名・亀童丸、通称・六郎(あるいは次郎)
- 幕府・室町幕府 周防・長門・石見・筑前・安芸・豊前・山城守護、管領代
- 享年・52歳
- 戒名・凌雲寺殿傑叟義秀
- 墓所・凌雲寺(山口県山口市)

西南7国の守護となった義興

応仁の乱で山名宗全に加担した大内政弘を父とし、第30代当主となった義興は、父の跡を継ぎ、周防、長門、安芸、豊前、石見《いわみ》、筑前など、西南6国の守護をまとめる大勢力となった。

1507(永正4)年、第11代将軍義澄のもとで幕政を行っていた細川氏に、内部抗争が起きた。義興はチャンス到来とばかりに、前将軍の義稙を擁して上洛。細川澄元に勝って、再び義稙を将軍職とした。そして、細川高国とともに管領代として幕政を行うようになる。

敗北した澄元らは、如意ヶ獄の戦い、船岡山の戦いなどで反撃に転じるが、義澄急死などで敗北。功績を挙げた義興は、山城守護も与えられて7国となり、また明との交易も積極的に行って財力を蓄えるが、利権独占をめぐって高国との不仲説が起きる。けれど義興にとっては、上洛で留守になった石見や安芸の領国に、出雲の尼子経久が侵攻を開始してきたことが脅威で、※**管領代**を辞して周防に帰国することにした。そして尼子氏との戦いに挑んだ。

毛利元就が尼子氏に寝返り、一時期義興も苦戦を強いられたが、佐東銀山城の戦いでは義興が勝利。元就も戻ってきて、安芸、石見領を取り戻すが、戦いのなかで、義興は病に倒れ、山口に戻った後、亡くなった。

室町幕府の管領代として幕政に参画した義興は、信長が登場してくる以前の、いわば戦国時代前期に、天下人として君臨した武将といえよう。

家紋 大内菱（おおうちびし）

別名を唐菱、
山口菱ともいい、
大内氏独特の紋と思われる。

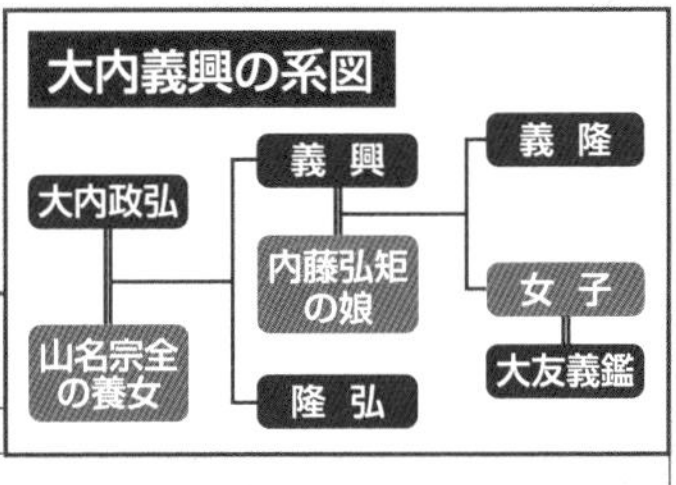

大内義興の略年表

西・和暦	年齢	主な出来事
1477(文明 9)年	1歳	大内政弘の嫡男として生まれる。
1488(長享 2)年	12歳	京都で元服。将軍足利義尚の義を許され義興となる。
1492(明応 元)年	16歳	近江の六角氏討伐に従軍する。
1494(明応 3)年	18歳	父が病気で隠居したため大内家の当主となる。
1508(永正 5)年	32歳	足利義稙を擁立して上洛。その後、義稙を将軍に復帰させて、自らは管領代に就任する。
1511(永正 8)年	35歳	京都船岡山の戦いに勝利する。
1516(永正13)年	40歳	日明貿易の恒久的管掌権を与えられる。
1524(大永 4)年	48歳	佐東銀山城の戦いに勝利する。
1528(享禄 元)年	52歳	山口に帰還直後病死する。

大内義興肖像画
山口県立山口博物館所蔵

瑠璃光寺（山口県山口市）
曹洞宗の寺院で、五重塔は国宝になっている。境内は桜や梅の名所で、香山公園と呼ばれる。

大内義興と関係した主な武将たち

武田元繁《たけだもとしげ》	1467年?〜1517年	大内義興とともに上洛し、駐留を続けるが、その後、大内氏と敵対する尼子氏と手を結び、大内氏を裏切る。
毛利興元《もうりおきもと》	1492年〜1516年	足利義稙を擁して、大内義興とともに上洛する。4年後に尼子氏と大内氏の勢力争いの調停に加わるが、心労がたたって若くして急死する。
細川澄元《ほそかわすみもと》	1489年〜1520年	上洛してくる大内義興と和睦しようとするが、細川高国が大内氏に寝返り、和睦が決裂。その後、高国と義興の反撃に敗北し逃走する。
細川高国《ほそかわたかくに》	1484年〜1531年	大内義興と細川澄元の排除を行い、管領となる。その後、大内氏が帰国すると政権を運営するが、近江坂本へ退くことになる。

戦国豆知識

長男は軍事より芸術を好んだ

義興の家督を相続した義隆は、文化人的嗜好が強かった。応仁の乱以降、争乱になった京の都からやってきた公家や文化人を招き、山口を「西の京」的な文化都市として発展させていった。また、大内家歴代当主のなかには、武人でありながら文化を好む者も多くいて、『新続古今和歌集』『新後拾遺和歌集』などに歌が載せられている。また、義隆の父義興も、法楽の歌会などを催したりもしている。こうした公家風文化を好む義隆に、家臣には異を唱える者もあらわれ、そのなかのひとり、陶晴賢はクーデターを起こし、義隆は自刃に追い込まれてしまう。

※〈管領代〉室町幕府の臨時職で、将軍を補佐し、幕政を統括する管領に代わって職務を行った。

Chapter 9

大谷吉継《おおたによしつぐ》

秀吉への恩義と三成との友情。たとえ戦場に死が待っていようとも、吉継には2人に応えたい思いがあった。

DATA

●1565（永禄8）年〜1600（慶長5）年
※1559（永禄2）年説あり
●出身地・近江国（滋賀県）　※豊後国という説もある
●父・大谷吉房（大谷盛治という説あり）、母・東殿
●通称・紀之介、平馬、大谷刑部、号は白頭
●主君・豊臣秀吉→豊臣秀頼
●享年・42歳
●戒名・渓広院殿前刑部卿心月白頭大禅定門
●墓所・岐阜県関ヶ原町、滋賀県米原町

病気に苦しむ吉継を励まし続けた秀吉

大谷吉継の出生地は、豊後国説（父が大友宗麟の家臣大谷盛治）と近江国説がある。秀吉のもとで名をなす吉継は、石田三成の紹介で秀吉に登用されたといわれているが、実は1574（天正2）年、秀吉が築城した**長浜城**※で、新しく雇い入れた人たちのなかに、吉継がいたという話もある。

合戦や政治を行う時、秀吉は、福島正則や加藤清正のように武勇に優れた武官派と、石田三成のように、兵糧や軍備調達に長けている内務文官派に分けていた。そのため両派の意見対立も生じたが、三成に友情を感じていた吉継は、三成をサポートし、ともに秀吉政治を陰で支えた。

吉継の三成に対する友情。それは、2人が同じころ秀吉に仕えはじめたこともあるが、吉継が20歳代に発病したといわれる難病（病名は今日でいうハンセン病）を患っていたことが大きい。伝染するのではないかと恐れられていても、三成は変わらぬ友情で接し、病気で折れそうになった吉継の心を支えた。また、病状の悪化が進行していくなかで、吉継はこのような病気では十分に働けないからと、秀吉に辞任を申し出るが、逆に秀吉はその度に励ました。そうした秀吉からの恩情や三成への友情が、関ヶ原の戦いでは、吉継を西軍に加担させた。

関ヶ原の戦い当日、吉継は病気に耐えながら、裏切った小早川秀秋軍の防御にあたった。そして負けが決定したころ、吉継は切腹し、部下に介錯させた首は、いつまでも発見されることはなかった。

家紋 対い蝶（ついちょう）

昔から蝶紋は好まれ、
対になった蝶は
和合を意味している。

大谷吉継の系図

- 大谷吉房 ＝ 東殿
  - 吉継
    - 吉治
    - 木下頼継
    - 女子
  - 男子
  - 女子

大谷吉継の略年表

西・和暦	年齢	主な出来事
1565(永禄 8)年	1歳	吉継が生まれる。※出身地は諸説あり。
1577(天正 5)年	13歳	この頃から秀吉に仕える。
1582(天正10)年	18歳	備中高松城の戦いで秀吉軍に従軍する。
1583(天正11)年	19歳	賤ヶ岳の戦いに参戦する。
1585(天正13)年	21歳	キリスト教に改宗する。
1586(天正14)年	22歳	三成のもとで、秀吉の九州征伐を戦う。
1589(天正17)年	25歳	2万石の石高で越前敦賀城の城主となる。
1590(天正18)年	26歳	秀吉の小田原城攻めに参戦する。
1592(文禄 元)年	28歳	文禄の役では、三成らと船奉行に命じられて船舶の調達を担当する。
1598(慶長 3)年	34歳	朝鮮に出兵する。
1600(慶長 5)年	36歳	関ヶ原の戦いで、三成の西軍に加担して敗北。斬首される。

大谷吉継 肖像

長浜城（滋賀県長浜市）
若いころに吉継が三成との友情を深めた城

大谷吉継と関係した主な戦国武将

石田三成《いしだみつなり》	1560年～1600年	吉継は、三成との友情を重んじて、負け戦と知りながら、味方についた。
平塚為広《ひらつかためひろ》	不詳～1600年	関ヶ原の戦いで、負けを覚悟した吉継と平塚は、戦場で辞世の歌の交換を行い、吉継に「名のために 捨つる命は 惜しからじ つひにとまらぬ 浮世と思えば」とおくっている。
湯浅五助《ゆあさごすけ》	不詳～1600年	関ヶ原の戦いで、吉継は家臣の湯浅に介錯を頼んだとされる。みにくい顔を敵にさらすなの言葉通り五助は埋めた。発見された時、五助は自分の首を引きかえにして、かくし場所は伝えなかった。

戦国豆知識

吉継と変わらぬつきあいの三成

20歳代のころに発病したといわれる吉継の病気は、毛が抜けて顔がくずれていく難病だった。吉継の書状には、白頭という言葉がでてくるので、白頭巾を被って醜い顔を見られないようにしていたのだろう。心に辛さと悲しさをもった吉継と、石田三成の友情を物語る逸話が残されている。1587（天正15）年、大坂城で茶会があった時のことだ。秀吉に仕えていた大名たちは茶の回し飲みをはじめた。けれど吉継が飲んだ後は、誰もが病気の感染を恐れ、飲んだふりをするだけだった。その時三成だけは、何事もないかのように、それを飲み干したという。

※〈長浜城〉秀吉が初めて築城した平城で、もとは「今浜」だったが、信長の一文字をとって長浜に改名した。

Chapter 10

片倉景綱《かたくらかげつな》

秀吉からの5万石を断ったのは伊達家への忠義と忠誠心。
小十郎という名は、我が子に受け継がれた。

DATA

- 1557(弘治3)年～1615(元和元)年
- 出身地・出羽国(山形県)
- 父・片倉景重、母・本沢真直の娘
- 別名・小十郎
- 主君・伊達輝宗→伊達政宗
- 享年・59歳
- 戒名・傑山常英大禅定門

政宗の右目をくり抜いたといわれている景綱

通称小十郎で知られる景綱は、米沢八幡宮の神主片倉景重の子として生まれた。最初は伊達政宗の父輝宗に仕え、1575(天正3)年ごろからは、政宗の近侍として重用されるようになる。

逸話として残っているのは、政宗が少年期に、疱瘡(天然痘)によって右目の視力を失い、眼球が飛び出して醜い顔になってしまった。劣等感で消極的な政宗の性格を変えたいという強い思いから、景綱は短刀で政宗の右目を一気にくり抜いた。一説には、※李克用《りこくよう》という独眼龍の名将が唐の時代にいたことを知った政宗が、景綱に命じたという話もある。

いずれにせよ、平然とやってのけた景綱の命がけの行動で、その後の政宗は、文武両道に優れ、大胆かつ勇猛果敢な名将に育っていった。

政宗家臣団のなかでは、武の伊達成実に対して智の片倉景綱と称され、政宗の数多い合戦には参謀役として出陣。功績を挙げる景綱を、秀吉は直臣5万石で取り立てようとするが、景綱は、政宗への忠義を重んじて辞退している。なお、後北条氏と同盟関係にあったことで、秀吉の小田原城攻めを躊躇していた政宗に、参陣をすすめたのは、景綱だったという説がある。

1600(慶長5)年、北の関ヶ原と称された上杉氏との戦いは、景綱が政宗と行動をともにする最後の合戦となった。功績を挙げた景綱は、白石城を与えられ、以後、景綱の忠誠心は、小十郎という通称で知られることとなり、伊達家を守っていく。

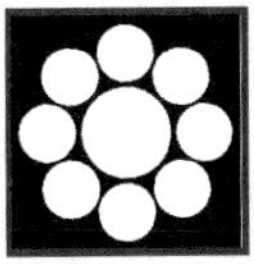

家紋 九曜（くよう）

政宗から贈られた紋とされている。

片倉景綱の系図

片倉景重 ― 本沢真直の娘
- 男子
- 景綱 ― 矢内重定の娘

片倉景綱の略年表

西・和暦	年齢	主な出来事
1557(弘治 3)年	1歳	片倉景重の次男として生まれる。 ※幼くして両親を失う。
1567(永禄10)年	11歳	姉の喜多が、伊達政宗が生まれると乳母として伊達家に入る。
1575(天正 3)年	19歳	8歳になった政宗の教育係になる。
1585(天正13)年	29歳	人取橋の戦いに参陣する。
1589(天正17)年	33歳	摺上原の戦いに参陣する。
1590(天正18)年	34歳	小田原城攻めは秀吉に味方するよう政宗に進言。政宗は秀吉軍に参陣する。 秀吉に直臣の誘いを受けるが、政宗への忠義で断る。
1591(天正19)年	35歳	この頃亘理城主となる。
1593(文禄 2)年	37歳	文禄の役で朝鮮に出兵する。
1600(慶長 5)年	44歳	上杉氏との戦いで白石城を攻略する。
1602(慶長 7)年	46歳	白石城主となる。
1615(元和 元)年	59歳	病で亡くなる。

片倉景綱 肖像

白石城（宮城県白石市）
景綱が人生最後の城主となった城

片倉景綱と関係した主な武将たち

近藤綱秀《こんどうつなひで》	不 詳〜1590年	小田原の北条氏照の家臣で、外交面で片倉氏との交渉にあたる。 秀吉の小田原城攻めで戦死。
伊達成実《だてしげざね》	1568年〜1646年	伊達政宗とは従兄弟関係。伊達の知略は景綱で武略は成実といわれる。 景綱が白石城に移ると亘理城主となり、景綱亡き後も政宗を支えた。

戦国豆知識

3人の小十郎

同盟関係にあったため、小田原城攻めに躊躇していた政宗を説得し、小田原へ出陣させて秀吉の怒りを抑えた景綱。その家督を継いだ重長は、大坂夏の陣において、真田信繁（幸村の実名）軍と互角に戦い、伊達氏の武者ぶりを知らせるとともに、その勇猛果敢さで鬼の小十郎とよばれた。また、重長の養子になった景長は、3大お家騒動ともいわれる伊達騒動を鎮め、徳川綱吉によって伊達藩改易の危惧を救った。なお、明治になって札幌市白石村（現・白石区）へ移住してきた人たちのなかには、3人の小十郎に仕えた家臣たちの末裔も含まれている。

※〈李克用〉唐末期の軍閥指導者で独眼龍とよばれ、彼の率いる軍は黒い衣装で統一されていた。

Chapter 11

加藤清正《かとうきよまさ》

関ヶ原の戦いでは、石田三成との確執で家康軍に加担したが、秀吉恩顧の臣としての思いは強く、豊臣安泰を確信したままで清正は逝った。

DATA

- 1562（永禄5）年～1611（慶長16）年
- 出身地・尾張国（愛知県）
- 父・清忠、母・伊都
- 幼名・夜叉丸、その後は虎之助、清正となる。
- 渾名・地震加藤
- 主君・豊臣秀吉→豊臣秀頼→徳川家康
- 享年・50歳
- 戒名・浄池院殿永運日乗大居士
- 墓所・本妙寺（熊本県熊本市）、天澤寺（山形県鶴岡市）、覚林寺（東京都港区）、池上本願寺（東京都大田区）

勇猛果敢な武断派とは違った一面

「※賤ヶ岳の七本槍」のひとりとして功績を挙げた清正は、以後、数多くの合戦に頭角をあらわす。

秀吉と清正の母親が従姉妹関係だった、加藤家と秀吉の家が隣り同士だった、と諸説あるが、若くして秀吉に仕え、少量ながらも石高を得ていた。

かつて鉄砲隊指揮官として秀吉の指示を受けていた清正だけに、配下の鉄砲装備率も高く、加藤三傑、加藤24将など、武勇に優れた家臣にも恵まれていた。

また清正は、積極的な領地経営を行っている。それは1588（天正16）年のこと、清正は、佐々成政に代わって肥後北東部半国の領主となり、19万5千石の隈本城城主となった。清正が入国したころは、キリスト教普及に訪れた宣教師が驚くほど、土地、田畑が荒廃していた。そんな疲弊した土地に、河川工事や新田開発で領民の生活安定を図り、南蛮貿易で経済を潤していった。隈本城に関しても、関ヶ原の戦い後に肥後一国領主となった清正は、隈本城のある茶臼山丘陵一帯に城壁を造り、美しく、かつ壮大で堅牢な城を築城。完成後は熊本城と改めた。

関ヶ原の戦いでは、豊臣家の将来を思って家康軍につき、秀吉への忠誠心は決して他者に引けをとらなかった。だから、戦後の家康の行動を見た時、清正は不安となり、秀吉の遺児秀頼と家康の二条城会見をセットしている。そして、豊臣家を擁護し、安泰を確信して帰国した後、清正は帰らぬ人となった。その5年後、清正の願いむなしく、秀頼は自害、豊臣の天下は終わった。

家紋 **蛇の目（じゃのめ）**

他にも
「桔梗」や「折墨」があり、
場面によって使い分けていた。

加藤清正の系図

- 清信 ― 兼吉の娘
  - 清忠 ― 伊都
    - 清正 ― 山崎片家の娘
      - 忠正
      - 忠広

加藤清正の略年表

西・和暦	年齢	主な出来事
1562（永禄 5）年	1歳	刀鍛冶・加藤清忠の子として生まれる。
1564（永禄 7）年	3歳	父が亡くなり、母と島津へ移る。
1573（天正 元）年	12歳	秀吉に小姓として仕える。
1576（天正 4）年	15歳	170石となり、名前を清正とする。
1582（天正10）年	21歳	冠山城の戦いで一番槍を挙げる。
1583（天正11）年	22歳	賤ヶ岳の戦いで活躍し、石高を加増される。後に「賤ヶ岳の七本槍」のひとりに挙げられる。
1586（天正14）年	25歳	秀吉の九州平定で肥後の半国を領し、隈本城入城。
1589（天正19）年	28歳	小西行長領で起きた天草一揆を鎮圧する。
1591（天正19）年	30歳	隈本城の改修工事を始め、熊本城と改める。
1592（文禄 元）年	31歳	文禄の役で朝鮮に出兵する。
1598（慶長 3）年	37歳	秀吉の死後、家康に接近する。
1599（慶長 4）年	38歳	石田三成暗殺未遂事件を起こす。
1600（慶長 5）年	41歳	関ヶ原の戦い後は、52万石の肥後1国城主となる。この頃、熊本城の天守閣が完成する。
1611（慶長16）年	50歳	二条城で秀頼と家康を会見させ、その後帰国して、熊本城で病死する。

加藤清正 肖像

熊本城（熊本県熊本市）
清正が築いた平山城で、別名銀杏城ともよばれている。後に細川氏の居城となる。現在、日本の名城のひとつといわれている

加藤清正と関係した主な武将たち

福島正則《ふくしままさのり》	1561年～1624年	清正同様に、賤ヶ岳の七本槍で知られ、豊臣家臣団では猛将とよばれた武人派。関ヶ原の戦いでは、宇喜多秀家軍で激戦を行った。
森本一久《もりもとかずひさ》	1560年～1612年	飯田直景、庄村一心とともに加藤三傑とよばれ、文禄・慶長の役では朝鮮に出兵。隈本城（後の熊本城）や江戸城の築城にも貢献する。
竹井将監《たけいしょうげん》	不詳	秀吉の高松城水攻めの前哨戦で、毛利氏の諸城のひとつ冠山城で戦いがあり、竹井は清正と壮絶に戦い、最期を遂げた。後に秀吉は、その戦いぶりを称賛したという。
飯田直景《いいだなおかげ》	1562年～1632年	秀吉も称賛した日本槍柱七本のひとり。若い時から清正に仕え、賤ヶ岳の戦いで活躍している。

戦国豆知識

文禄・慶長の役と清正

小西行長とほぼ半分ずつ肥後国を与えられ、清正はさらなる栄達を望み、朝鮮出兵（文禄・慶長の役）に臨む。秀吉の思いに応えるべく、朝鮮の2人の王子を捕らえたりして武功を挙げるが、勝手に豊臣清正と名乗ったり、明の使者に対して略奪行為などを起こして評判が悪く、1596（慶長元）年によび戻されて蟄居の身となる。翌年再び渡海して活躍するが、鬼上官とよばれて恐れられていた。なお、朝鮮での清正の虎退治は作られた話で、当時は、武将が戦いを前にして、猛獣と大切な命をやり取りするとは何事か、と考えられていた。

※〈賤ヶ岳の七本槍〉賤ヶ岳で勇敢に戦った秀吉子飼いの部下7人をいうが、実際は他にも2人いた。書状と石高を与えられる。

Chapter 12

蒲生氏郷《がもううじさと》

戦いは連戦連勝の氏郷。
秀吉は氏郷を会津へ大栄転。
ところが氏郷は悔し涙を流した。その悔し涙の理由《わけ》とは。

DATA

- 1556（弘治2）年～1595（文禄4）年
- 出身地・近江国（滋賀県）
- 父・蒲生賢秀、母・おきり
- 幼名・鶴千代、その後は賦秀、教秀、氏郷となる。
- 通称・忠三郎
- 主君・織田信長→豊臣秀吉
- 享年・40歳
- 戒名・昌林院殿高岩宗忠大居士
- 霊名・レオン（レオ）
- 墓所・大徳寺黄梅院（京都府京都市北区）、興徳寺（福島県会津若松市）

千利休が「文武二道の御大将」と評した

氏郷は六角氏の重臣で、6万石の大名蒲生賢秀の嫡男として生まれた。六角氏が信長に敗れたことで、賢秀は信長に臣従。氏郷は人質として、岐阜の信長のもとに送られた。それは13歳の時だった。

信長は、氏郷をひと目見てその才を見抜き、娘冬姫と結婚させて、人質ながらも若き武将として配下のなかに加える。初陣は信長の伊勢侵攻だった。その後も朝倉攻め、小谷城攻め、長篠の戦いというように、信長のもとで数々の合戦に従軍。いずれにおいても功績を挙げている。

本能寺で信長が討たれ、秀吉の時代になると、氏郷は、秀吉から伊勢松ヶ島12万石を与えられた。すると今度は秀吉軍に従軍。1590（天正18）年の小田原城攻め後に、**奥州仕置**※によって、伊達政宗は国変えをさせられ、代わって氏郷に、会津若松46万石が与えられた。信長の死後8年ほどで12万石から46万石へ。それも、後の検地・加増などでは90万石を超えるという異例の大出世。なのに氏郷は大栄転に悔し涙を流し、次のようなことを家臣に語った。

「国が小さく俸禄が少なくても、京が近いと天下をうかがうことも出来るが、奥羽の片田舎では、大領でも機会にめぐりあうことはままならない」。

キリシタン大名として洗礼名をレオン。また、茶の湯は千利休の高弟として、「文武二道の御大将」と評された氏郷は、唯一、天下取りのチャンスがあったと思われる秀吉の死、その3年前にこの世を去ってしまった。

家紋 三頭右巴（さんとうみぎどもえ）

八幡の神紋とよばれる紋で、
弓矢の神を
崇拝する武士が使用した。

蒲生氏郷の系図

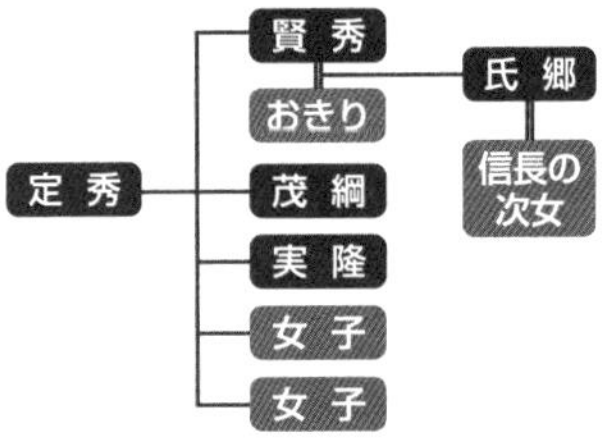

蒲生氏郷の略年表

西・和暦	年齢	主な出来事
1556（弘治　2）年	1歳	蒲生賢秀の3男（嫡子）として生まれる。
1568（永禄11）年	13歳	父が信長に臣従し、氏郷は人質として信長の岐阜城へ移る。
1569（永禄12）年	14歳	信長の娘、冬姫と結婚する。元服。
1570（元亀　4）年	15歳	姉川の戦いに従軍する。
1574（天正　2）年	19歳	伊勢長島の一向一揆攻めに従軍する。
1575（天正　3）年	20歳	長篠の戦いに従軍する。
1581（天正　9）年	26歳	第二次天正伊賀の乱に従軍する。
1584（天正12）年	29歳	本能寺の変後、信長の妻子を保護する。その後、秀吉に仕える。12万3千石で南伊勢の松ヶ島城主となる。
1588（天正16）年	33歳	城下町を松ヶ島から松坂と改める。
1590（天正18）年	35歳	秀吉の小田原城攻めに従軍し、その後、奥州を平定して92万石の大名となる。
1592（文禄 元）年	37歳	文禄の役で出陣するが朝鮮に渡航せず。
1595（文禄　4）年	40歳	名古屋で病気になり、京都伏見で亡くなる。

蒲生氏郷 肖像

蒲生氏郷と関係した主な武将たち

大崎義隆《おおさきよしたか》	1548年～1603年	伊達家に従属するが、小田原城攻めに不参加。奥州仕置によって秀吉に取り潰される。
名古屋山三郎《なごやさんさぶろう》	1572年?～1603年	戦国時代の3大美少年のひとりといわれ、氏郷の小姓として仕える。
高山右近《たかやまうこん》	1552年～1615年	キリシタン大名として知られ、禁教令で国外追放となる。氏郷は右近に勧められて洗礼を受けたとされる。

戦国の主なキリシタン大名及び武将　（　）内は洗礼名

- **大村純忠**（最初に洗礼を受けた大名で洗礼名：バルトロメオ）
- **大友宗麟**（ドン・フランシスコ）
- **黒田長政**（ダミアン）
- **高山右近**（ドン・ジュスト）
- **織田秀則**（パウロ）
- **黒田孝高**（シメオン）
- **内藤如安**（ジュアン）
- **有馬晴信**（プロタジオ）
- **蒲生氏郷**（レオン、またはレオ）
- **小西行長**（アウグスティヌス）
- **結城忠正**（アンリケ）ほか

戦国豆知識

信長、秀吉のもてなしと茶の湯

氏郷も好んだ茶の湯は、戦国時代になって急速に広まった。千利休が登場し、信長、秀吉が利休を好んだことも要因になっている。禅僧や貴族の上流階級が楽しんでいた茶の湯は、戦国時代になると、松井有閑のように、堺の町衆の茶会に参加する武将もあらわれてきた。そうしたなかで、信長は城に茶室を作り、「もてなしの場」としていた。また秀吉も、1590（天正18）年の小田原城攻めでは、利休を同伴させ、戦いの合間にお茶をふるまっていたと思われる。なお、信長は、明智光秀に討たれる本能寺で、前日に茶会を催し、もてなしをしていた。

※〈奥州仕置〉小田原城攻めに参陣、協力しなかった奥州大名に、秀吉は改易や減封を命じ、貢献した大名に領土を分配した。

Chapter 13

黒田《くろだ》孝高《よしたか》

天下を取れる才覚がありながら、孝高はあっけなく、
家督を息子に譲ってしまった。
そして、隠居後は如水と名乗った。

DATA

- 1546（天文15）年〜1604（慶長9）年
- 出身地・播磨国（兵庫県）
- 父・小寺職隆、母・明石城主・明石宗和の娘
- 幼名・万吉、通称・官兵衛
- 洗礼名・ドン・シメオン
- 主君・小寺政職→織田信長→豊臣秀吉
- 享年・59歳
- 戒名・龍光院殿如水圓清大居士
- 霊名・ドン・シメオン
- 墓所・崇福寺（福岡県福岡市博多区）
大徳寺塔頭龍光院（京都府京都市北区）

貢献しながら褒賞が少ない孝高

信長と毛利のどちらにつくか。重臣の多くが毛利氏と答えるなか、「保守的な毛利より先見性に富んだ信長につくべし」。家老の孝高は主君を説得した。

「戦いは考え過ぎると勝機を逸する。たとえ草履と下駄をちぐはぐに履いてでも、すぐに駆け出すほどの決断、それが大切だ」。孝高の言葉だが、1577（天正5）年、中国攻めで播磨に来た秀吉に姫路城をあっさり提供。信長に1万石を与えられて山崎城に移り、秀吉の参謀として、鳥取城の兵糧攻め、高松城の水攻めなどの作戦を献策している。

　こうした孝高の功績に対し、秀吉はわずかに1万石を加増しただけ。あまりの褒賞の低さに、孝高の才覚を恐れて大国を与えなかったようにも思える。その後も孝高は、四国征伐、九州平定などに軍監として功績を挙げるも、報奨は豊前内6郡で12万3千石に過ぎず、佐々成政の50万石に比べたら少ない。

　1589（天正17）年、孝高は家督を嫡男長政に譲って隠居の身となる。そして如水と号した。44歳という働き盛りでの交代。その裏には、秀吉が自分のことを恐れていると感じ、自らの身の安全を図るためであった。それでも秀吉に頼りにされ、小田原城攻めや朝鮮出兵などにも参加している。

　関ヶ原の戦いでは家康軍に加担。※**九州で兵**を挙げたが、戦いは半日で終わってしまった。孝高は、奪った領地をあっさりと家康に贈呈。何もなかったかのように再び隠居の身となり、その後再び戦国の、表舞台に現れることはなかった。

家紋 藤巴（ふじどもえ）

黒田家は竹中重治の黒餅紋を使うこともあったが、孝高は、小寺氏ゆかりの藤巴を使っていた。

黒田孝高の系図

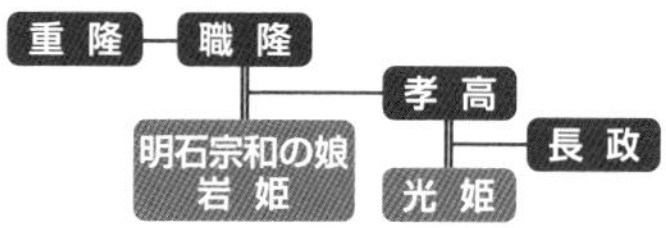

黒田孝高の略年表

西・和暦	年齢	主な出来事
1546(天文15)年	1歳	小寺職隆の嫡男として生まれる。
1559(永禄 2)年	3歳	母を亡くし、文学に傾倒する。
1561(永禄 4)年	16歳	小寺政職の側近として取り立てられる。
1562(永禄 5)年	17歳	父と共に浦上宗景の戦いに参戦。勝利して初陣を飾る。
1567(永禄10)年	22歳	櫛橋伊定の娘光を正室に迎える。
1569(永禄12)年	24歳	赤松政秀が3千の兵で姫路城を襲撃。3百人の奇襲攻撃で撤退させる。
1575(天正 3)年	30歳	主君の政職に、信長につくべしと進言する。
1577(天正 5)年	32歳	中国攻めに来た秀吉に姫路城を提供する。
1578(天正 6)年	33歳	有岡城に約1年間幽閉される。両脚は曲がって立てなかった。
1580(天正 8)年	35歳	1万石を与えられる。
1582(天正10)年	37歳	高松城攻略。山崎の戦い参戦。
1585(天正13)年	40歳	キリスト教に入信する。
1587(天正15)年	42歳	豊前国他6郡、約12万石に。
1589(天正17)年	44歳	家督を長政に譲って隠居し、秀吉の側近として仕える。
1600(慶長 5)年	55歳	関ヶ原の戦いに九州で兵を挙げて進軍する。
1604(慶長 9)年	59歳	九州伏見藩邸で病死する。

如水居士 肖像

黒田孝高と関係した主な武将たち

後藤基次《ごとうもとつぐ》	1560年～1615年	別名を又兵衛という。孝高に育てられたが、謀反の連座で黒田家を退去。その後再び家臣となるが長政との不仲から出奔。夏の陣に豊臣方として参加し、最後は自刃する。黒田二十四騎、黒田八虎。
明石全登《あかしたけのり》	不　　詳～1615年	キリシタン大名で、関ヶ原では西についた宇喜多秀家に仕えた武将。関ヶ原の戦いでは、宇喜多勢として福島正則と戦う。
黒田一成《くろだかずしげ》	1571年～1656年	黒田二十四騎、黒田八虎のひとり。孝高は一成の父に世話になったので養子に迎える。ある戦いで敗走の時、孝高の影武者を希望した。
黒田二十四騎《くろだにじゅうよんき》	――――	賤ヶ岳の七本槍にちなみ、孝高は家臣から24人を選んで名付けた。そのなかから8人を黒田八虎とよんだ。

戦国豆知識

黒田節のなかの「日本号」

『黒田節』という歌がある。福島正則が秀吉から拝領した長さ321・5㎝の見事な槍「日本号」。その「日《ひ》の本一《もといち》」の槍をめぐって酒を飲んだのは、孝高の息子長政に仕える黒田二十四騎の武士母里《もり》友信《とものぶ》（1556年～不詳）。だから、この歌の本来の題名は「黒田武士」というそうだ。酒に飲まれて槍を渡す羽目になり、しぶる正則に、有心は「武士に2言はないはず」と言い、その長い槍「日本号」を受け取って馬にまたがり、颯爽と帰って行った。勿論逸話ではあるが、黒田二十四騎の勇ましさを感じさせるような、話ではないだろうか。

※〈九州で兵〉黒田家の主力は長政が率いていったので、孝高は、金蔵のお金を領民に支度金として与えて速成軍を作った。

応仁の乱 1467年
鉄砲伝来 1543年
桶狭間の戦い 1560年
本能寺の変 1582年
関ヶ原の戦い 1600年
大坂夏の陣 1615年

Chapter 14

小《こ》西《にし》行《ゆき》長《なが》

商人の子として生まれ、父の影響でキリシタンの洗礼を受けた行長は、秀吉に見出されて出世し、戦国大名となる。

DATA

- 1558（永禄元）年〜1600（慶長5）年
- 出身地・山城国（京都府）
- 父・小西隆佐、母・ワクサ（洗礼名：マグダレーナ）
- 別名・弥九郎
- 主君・宇喜多直家→豊臣秀吉→豊臣秀頼
- 霊名・アウグスティヌス（アゴスチノ）
- 墓所・禅幢寺（岐阜県垂井町）、大阪府堺市南区堺公園墓地内の供養塔

偽りの和平工作で切腹を命じられる

父が商人でキリシタン。だから行長も早くから洗礼を受けた。洗礼名をアウグスティヌス。備前国の宇喜多直家の家臣として、外交関係の使者を務めていた。1579（天正7）年、直家は、信長の命で中国攻めに来ていた秀吉の誘いを受け、信長に臣従することになった。はじめは直家も毛利氏と一緒に戦っていたのだから、降伏したともいえる。その時の交渉に行長も加わり、円滑に進んだ。秀吉に才覚を認められた行長は、直家が亡くなると秀吉の家臣となり、舟奉行として水軍を率いるようになる。以後、1587（天正15）年の九州征伐、翌年には肥後（熊本県）の**国人一揆**※討伐など、功績を挙げては石高も増え、24万石を与えられるまでになっていた。

戦国大名として肥後に宇土城を築城。キリシタン大名としては、修道院と司祭館を建築。孤児院やハンセン病患者の施療院なども設置している。

1592（文禄元）年、文禄・慶長の役がはじまった。石田三成同様、早く終戦させたい思いの行長は、先鋒隊として朝鮮へ渡るが、明との間で偽りの和平工作を行い、それが秀吉に発覚。切腹を命じられるが、前田利家、淀殿の仲介で許され再び朝鮮へ。けれど1598（慶長2）年の秀吉の死によって戦いは終結。行長はすべての兵を帰還させた。

関ヶ原では西軍として戦い、敗北。三成、安国寺恵瓊とともに京都六条河原で斬首された。カトリック信者であったため自害ができず、自らの名を告げて、すすんで捕らえられたという。

家紋 中結祇園守（なかむすびぎおんまもり）

キリシタンだったので、
守り紋のなかに筒守がクロスした祇園守を
十字架にみたてていた。

小西行長の系図

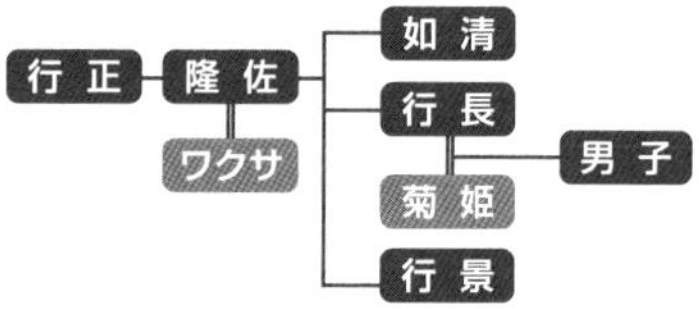

小西行長の略年表

西・和暦	年齢	主な出来事
1558（永禄 元）年	1歳	堺の商人、小西隆佐の次男として生まれる。その後、豪商の養子となり、仕事で宇喜多直家に会う。秀吉に認められ臣下に。
1584（天正12）年	27歳	洗礼を受けてキリシタン大名になる。
1585（天正13）年	28歳	小豆島で1万石となる。紀州征伐では雑賀衆の抵抗を受ける。
1587（天正15）年	30歳	九州攻めで功績を挙げる。
1588（天正16）年	31歳	肥後の国人一揆を討伐して肥後半国の領土を得る。
1592（文禄 元）年	35歳	文禄の役で朝鮮出兵の先鋒隊になる。
1593（文禄 2）年	36歳	平壌の戦い。
1597（慶長 2）年	40歳	慶長の役で再び朝鮮に出兵する。
1598（慶長 3）年	41歳	慶長の役が終結。帰国する。
1600（慶長 5）年	43歳	関ヶ原の戦いで敗戦。京都六条河原で斬首される。

小西行長像（熊本県宇土市）
宇土城本丸跡に立つ行長の銅像

小西行長と関係した主な武将たち

大友義統《おおともよしむね》	1558年～1610年	大友宗麟の嫡男。秀吉に気に入られて吉統へ改名。文禄の役では行長の救援要請を受けたが、誤報を信じて作戦失敗。秀吉の怒りをかい、改易となる。
淡輪重政《たんのわしげまさ》	不　詳～1615年	行長の家臣だったが、関ヶ原の戦いで敗北。浪人となって大坂冬の陣では豊臣方で参戦する。
蘆塚忠右衛門《あしづかちゅうえもん》	不　詳	行長に仕えた家老のひとりで、関ヶ原の戦いでは行長と共に戦い、大坂の陣で戦死したと伝えられている。
内藤忠俊《ないとうただとし》	不　詳～1626年	内藤如安ともいう。行長に仕え、文禄の役では和議交渉を行う。キリシタンとして高山右近とともにマニラへ。

戦国豆知識

財を捨て信仰に生きた戦国武将

行長同様にキリシタン大名として知られる高山右近。洗礼名はドン・ジュスト。本能寺の変後は山崎の戦いで功績を挙げ、秀吉に仕える。蒲生氏郷をはじめ、右近の影響で洗礼を受けた者も多いが、細川忠興（細川ガラシャの夫）、前田利家は、誘われても洗礼を受けなかった。バテレン追放令後は、行長に庇護され、利家の金沢に預けられる。1614（慶長19）年に禁教令が出ると、棄教する大名のなか、右近は信仰を守り、信仰に生きることを決意。財産を捨てて国外追放の道を選んだ。そしてマニラへ。けれど翌年、夢の途中で亡くなった。享年64歳。

※〈国人一揆〉地頭や荘園管理者だった小規模領地所有の武士（国人）同士が国人一揆を形成し、一国を統治することもあった。

Chapter 15

斎藤道三《さいとうどうさん》

蝮の道三の国盗り物語は、親子2代で行われた可能性があり、
斎藤道三ならではの謎も多い。

DATA

- ●1494（明応3）年～1556（弘治2）年
- ●出身地・山城国（京都府）と美濃国（岐阜県）の2説あり
- ●父・松波庄五郎（基宗）、母・不明
- ●規秀から利政となる。号・道三、通称・新九郎
- ●主君・土岐頼芸
- ●享年・63歳
- ●戒名・円覚院殿一翁道三抬大居士神儀
- ●墓所・常在寺（岐阜県岐阜市）、道三塚（岐阜県岐阜市）

道三は油売りではなかった?

道三は山城国に武士の子として生まれ、京都の妙覚寺で修行した。その後、油問屋に婿入りし、美濃へは油売りでやって来たといわれている。当時、美濃国守護は土岐氏で、その重臣長井長弘に気に入られ、油売りから武士へと転身。そして、内紛続く土岐氏に取り入って、土岐頼芸にクーデターを起こさせる。かと思いきや、今度は、自分を認めてくれた大恩人の長井長弘を殺害。その後、断絶していた守護代斎藤氏の名跡を継いで、以前、クーデターを起こした頼芸を尾張国へ追いやり、ちゃっかり、美濃の国盗りを成功させてしまった。こうした**下克上**※の代表的存在として、蝮の道三こと斎藤道三は、今日まで伝えられてきた。

ところが異説もあり、六角義賢（後に承禎）が家臣に宛てた『六角承禎条書写』によると、僧から武士になり、長井氏に仕えたのは、道三ではなくて父の庄五郎であり、道三は美濃で生まれ、父が築いた地盤を基にして、諸職を奪ったことになっている。とすると、油売りをしていたのは道三ではなくて父とするなら、美濃の国盗りは、道三ひとりというよりは、親子2代で行われたといえよう。

その後の道三は、尾張の織田信秀と和睦。娘の濃姫（または帰蝶）を信長と政略結婚させる。信長と初体面した道三は「天下の大うつけ者」と称して気に入り、嫡男義竜（もしくは義龍）の微力さを嘆いた。家督を譲り、鷺山城に隠居するが、親子戦争ともいえる長良川の戦いで、義竜軍に破れ戦死する。

家紋 立波（たつなみ）

道三自らがデザインした紋と伝えられている。

斎藤道三の系図

松波庄五郎（基宗）
不明
道三
小見の方
濃姫（帰蝶）
織田信長

斎藤道三の略年表

西・和暦	年齢	主な出来事
1494（明応 3）年	1歳	山城の地侍・松波庄五郎（基宗）の子として誕生する。
1504（永正11）年	11歳	京都の妙覚寺の僧となり、法蓮房と称する。
不明	—	還俗して松波庄五郎と名乗る。
不明	—	油問屋に婿入りして山崎屋と号する。
不明	—	長井長弘に仕えて西村勘九郎と名乗る。
1527（大永 7）年	34歳	美濃守護の弟土岐頼芸に取り入って守護を追放し、頼芸を守護に擁立する。
ここまでの出来事は道三のものではなく、父の松波庄五郎の出来事とする説も多い。		
1530（享禄 3）年	37歳	長井長弘を殺害して、長井新九郎規秀と名乗る。※1533年説もある。
1538（天文 7）年	45歳	美濃守護代の斎藤利良が病死。斎藤新九郎利政と名乗る。
1547（天文16）年	54歳	織田信秀との加納口の戦い。信秀と和睦。
1548（天文17）年	55歳	娘の濃姫（または帰蝶）を信長と政略結婚させる。
1552（天文21）年	59歳	土岐頼芸を追いやって美濃を平定する。※1542年説あり。
1554（天文23）年	61歳	家督を義竜に譲り、道三と号して隠居する。
1555（弘治 元）年	62歳	息子の義竜と対峙する。
1556（弘治 2）年	63歳	長良川の戦いで戦死する。

斎藤道三 肖像（常在寺蔵）

斎藤道三と関係した主な武将たち

織田信秀《おだのぶひで》	1511年～1551年 ※諸説あり	1544年に美濃を攻めるが道三に敗れ、3年後に再び美濃へ侵攻（加納口の戦い）するも敗北。講和を結ぶ。信長の父。
猪子高就《いのこたかなり》	1546年～1582年	道三に仕えていたとされるが、信長に仕え、本能寺の変では二条城で信忠と討死した。
金森長近《かなもりながちか》	1524年～1608年	道三が義竜に敗れた後に、美濃を去って信長に仕え、後に高山藩主となる。
大澤次郎左衛門《おおさわじろうざえもん》	不詳	道三の家臣で槍術の達人。鵜沼城主となる。

戦国豆知識

長良川の戦いで蝮の道三死す

父の道三から家督を受け継いだ義竜は、自分の出生に疑問を持ち、道三もまた我が子に疑念を抱いた。それは、道三が土岐頼芸からもらい受け、妻にした深芳野が美人で、結婚後まもなく義竜が生まれたことだった。そうしたことが、道三と義竜の確執となり、やがて頼芸を父と思いはじめた義竜は、道三を父の仇と思い込み、一方の道三も、家督相続はしたけれど、信長と比べて、我が子の微力さが気になり、ついには、親子戦争ともいえる、長良川の戦いへと発展していく。そして蝮の道三は、微力と思っていた我が子に討たれ、この世を去った。

※〈下克上〉応仁の乱以降に増え続ける権力闘争で、地位の下の者が上の者から領土や地位を奪うことを称していう。

Chapter 16

佐竹義宣《さたけよしのぶ》

揺れ動いた関ヶ原の戦い、義宣は家康に咎められることとなり、54万石から21万石への減転封となってしまった。

DATA

●1570（元亀元）年～1633（寛永10）年
●出身地・常陸国（茨城県）
●父・佐竹義重、母・伊達晴宗の娘・宝寿院
●幼名・徳寿丸、別名・次郎、通称・常陸侍従
●主君・豊臣秀吉→豊臣秀頼→徳川家康→徳川秀忠
●享年・64歳
●戒名・浄光院殿傑堂天英大居士
●墓所・天徳寺（秋田県秋田市）

晩年は雪深い奥州で 静かに過ごした

同盟関係を結ぶ北の伊達氏と南の北条氏に、佐竹氏の領地は挟まれていた。

1589（天正17）年、**摺上原《すりあげはら》の戦い**※が起こり、蘆名・佐竹連合軍は伊達政宗に大敗。親戚関係だった蘆名氏は滅亡状態になった。そうした時に、翌年、秀吉の小田原城攻めがはじまった。義宣は、親交のあった石田三成から戦況を聞き、小田原へ向かう。同盟関係にある伊達氏と北条氏を打ち負かすのは、信長亡き後、秀吉しかいない。そう考えた義宣は、三成を介して秀吉と謁見。以後、秀吉の権力と三成の協力を得て、所領は常陸一国54万余石。旗下を加えると80万石を超え、徳川、上杉、前田、毛利、島津と「六大名」と評されるほどになった。

秀吉がいたから小田原城攻めで北条氏が滅び、伊達氏も秀吉のもとに下った。たとえ家臣の反対があっても、関ヶ原決戦は三成方への加担が当然と義宣は考えた。なのに父は、家康軍へ加担する立場で行動をとっている。2人の考えが平行線で、明確な立場を打ち出せないまま、関ヶ原の戦いは終結してしまった。待っていたのはお国替えと石高の減少。義宣に求められたのは、苦しい財政を立て直す事業で、たとえば鉱山開発に農業改革。また義宣には、三成との友情に応えれなかった後悔なのか、三成の配下の者を、新天地で雇用したという話もある。

大坂の陣は迷わずに家康に付き、戦いは終わった。父も死に、晩年は平和で穏やかな毎日。義宣は奥州秋田で能楽や茶の湯を楽しみ、静かに過ごしていた。

家紋 佐竹扇（さたけおうぎ）

源氏嫡流の旗と区別するため
源頼朝が授けた扇に、
月を配して佐竹の家紋とした。

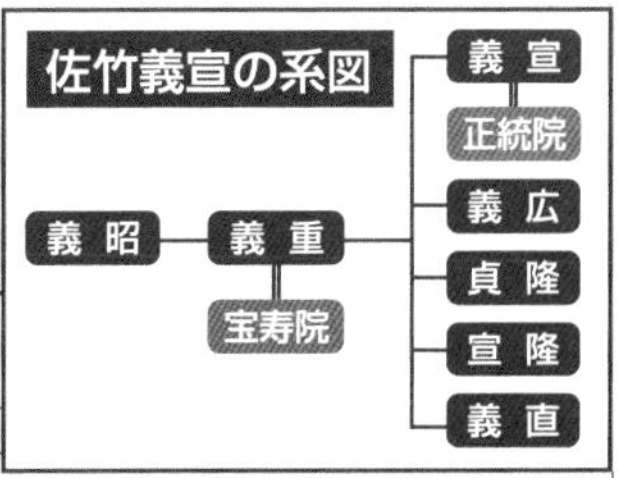

佐竹義宣の略年表

西・和暦	年齢	主な出来事
1570（元亀 元）年	1歳	佐竹義重の嫡男として生まれる。
1586（天正14）年	17歳	初陣する。この頃から1590年の間に父の隠居で家督を相続。第19代当主となる。
1588（天正16）年	19歳	窪田の戦いに蘆名義広と連合して伊達政宗と戦う。
1590（天正18）年	21歳	秀吉の家臣となる。石田三成のもとで秀吉の小田原城攻めに参戦。
1593（文禄 2）年	24歳	文禄の役での朝鮮出兵は出来なかった。
1594（文禄 3）年	25歳	水戸城に居城を移す。
1596（慶長 元）年	27歳	常盤国54万石となる。
1600（慶長 5）年	31歳	関ヶ原の戦いでは、大きな動きをせずに終わる。
1602（慶長 7）年	33歳	家康によって国替えを命じられ、秋田に転封となる。
1604（慶長 9）年	35歳	秋田に久保田城築城して居城する。
1614（慶長19）年	45歳	徳川方で大坂冬の陣に参陣。
1615（元和 元）年	48歳	徳川方で大坂夏の陣に参陣。
1626（寛永 3）年	57歳	出家する。
1633（寛永10）年	64歳	江戸神田屋敷で亡くなる。

佐竹義宣 肖像
家康に「困ったほどの律儀者」と評された

佐竹義宣と関係した主な武将たち

岩城貞隆《いわきさだたか》	1583年～1620年	義宣の弟。関ヶ原の戦いは家康軍だったが、兄に従って上杉征伐に参加しなかったため、戦後、所領を没収され浪人となる。その後、再び大名となり、息子の義隆は義宣の養子となり、後継する。
梅津政景《うめづまさかげ》	1581年～1633年	義宣に仕え、馬術、武将としての力もあるが、文筆、数字に明るく、主に行政面で活躍した。『梅津政景日記』は貴重な資料となっている。銀山奉行としても活躍する。
和田昭為《わだあきため》	1532年～1618年	義昭、義重、義宣と佐竹3代に仕える。文禄・慶長の役では、義宣が不在の時、国元の留守居役を任された。
渋江政光《しぶえまさみつ》	1574年～1614年	16歳で浪人になったが推挙されて義宣のもとで仕える。渋江田法とよばれ、他藩や江戸幕府も、農業政策の参考にした。大坂冬の陣で戦死。

戦国豆知識

三成を救った義宣

関ヶ原の戦いがはじまる前年、豊臣政権下では、石田三成憎しの動きが起きた。中心にいたのは、加藤清正、福島正則といった武闘派。きっかけは、文禄・慶長の役での賛否問題が尾を引いていたという話がある。暗殺計画を察知した義宣は、三成を護衛したり、家康に問題解決の仲裁をもちかけたりする。義宣にとって三成は、秀吉との関係を維持してくれた恩義の人。その後、家康と加藤、福島がどのような話し合いを行ったかは不明だが、事件は、三成が佐和山城に戻って隠居し、義宣によって命を救われた形で、静かに収まっていった。

※〈摺上原の戦い〉1589年に猪苗代湖北岸の摺上原で行われ、伊達政宗の勝利で名門蘆名氏は滅亡。伊達氏は奥州の覇者となった。

Chapter 17

真田《さなだ》信繁《のぶしげ》（幸村《ゆきむら》）

14年間の隠棲生活。ついに信繁は馬上で十文字槍をふりかざし、その矛先は家康に向かっていた。

DATA

- 1567（永禄10）年～1615（慶長20・元和元）年
  ※1570年説がある。
- 出身地・信濃国（長野県）
- 父・真田昌幸、母・山之手殿
- 「幸村」という名前は、江戸時代の軍記物語に出てくる創作名。実際の手紙や書状には「信繁」と書かれている
- 主君・上杉景勝→豊臣秀吉→豊臣秀頼
- 享年・49歳
- 墓所・長国寺（長野県長野市）、龍安寺塔頭大珠院（京都府京都市）、田村家墓所（宮城県白石市）、妙慶寺（秋田県由利本荘市）、一心院（秋田県大館市）

あの世に逝ったら酒を酌み交わしたい男

信繁は、性格がやや柔和で物静かだったという。

天下分け目の関ヶ原の戦いを前に、真田親子は話し合い、兄の信之は家康側に、父**昌幸**※と弟の信繁は三成側につくことになった。父の作戦に従った上田城の信繁は、関ヶ原へ向かう徳川秀忠軍を迎え討ち、その結果、秀忠は関ヶ原に参陣出来ず、家康に地団太を踏ませた。関ヶ原は半日ほどで終わり、敗者についた信繁は、切腹のところを、家康についた兄の尽力で一命を取り止めた。父と紀州に追放され、九度山で過ごす隠棲生活。34歳で人生の歯車は止まった。14年後、信繁は戦場にいた。父は亡くなったが、大坂城東南に築かれた出城「真田丸」で指揮をとる信繁。大坂冬の陣での攻防は、信繁によって勝機を見い出せない家康が、豊臣との和睦で終りを告げた。そして家康は、破格の条件で信繁を勧誘。しかし信繁は拒否。夏の陣がはじまった。巧みな家康の交渉術で難航不落の大坂城堀は埋められ、真田丸もない。

伊達政宗の黒と同様に、真田の赤備えは戦場に映えた。信繁は赤い鎧を身にまとい、槍の柄は朱色に塗った愛用の十文字槍。勇ましく馬上でふりかざした信繁は家康陣へ。気迫に迫った勇士を見た家康は、これで終りか、と思ったという。

「あの世に逝ったら酒を酌み交わしたい男」。家康の逸話が残る信繁。その死後、伊達では「鬼の小十郎」とよばれた片倉重長が、信義を重んじ、武略に長けた信繁に消りたいという思いから、信繁の娘と結婚している。

家紋 六連銭（ろくれんせん）

死者の
三途の川の渡し賃、という冥銭を
あらわしているという。

真田信繁（幸村）の系図

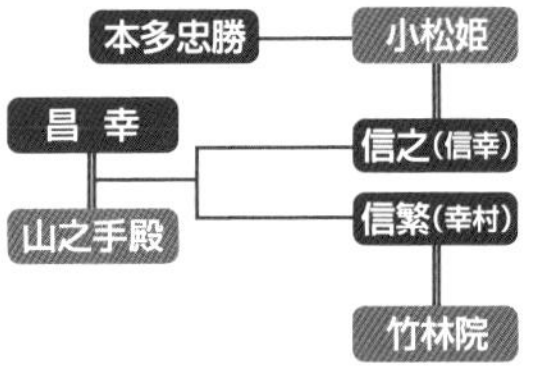

真田幸村の略年表

西・和暦	年齢	主な出来事
1567（永禄10）年	1歳	真田昌幸の次男として生まれる。
1575（天正 3）年	9歳	長篠の戦いで叔父が戦死。父が家督を相続する。
1582（天正10）年	16歳	父が織田信長に臣従し、滝川一益に仕える。信繁は一益の人質となる。
1585（天正13）年	19歳	人質として、越後の上杉氏のもとへ行く。
1587（天正15）年	21歳	秀吉の人質で大坂へ。
1589（天正17）年	23歳	秀吉の家臣となる。
1590（天正18）年	24歳	秀吉の小田原城攻めに参戦。初陣となる。
1594（文禄 3）年	28歳	大谷吉継の娘（一説には養女）竹林院を正室にする。
1600（慶長 5）年	34歳	関ヶ原の戦いでは、西軍として上田城で徳川秀忠軍と戦う。終戦後は九度山で隠棲生活。
1612（慶長17）年	46歳	出家して好白となる。
1614（慶長19）年	48歳	豊臣方として大坂冬の陣を真田丸で参戦。
1615（元和 元）年	49歳	大坂夏の陣において茶臼山で戦死する。

真田幸村像（JR上田駅前）

真田幸村と関係した主な武将たち

本多忠勝《ほんだただかつ》	1548年～1610年	真田信之が娘婿であったためか、関ヶ原の戦い後、昌幸、信繁が一命を取り止めることに尽力した。なお、家康には過ぎたる武将、という評価もあり、数多い戦いでほとんど無傷だったとか。
木村重成《きむらしげなり》	1593年?～1615年	豊臣家に仕え、大坂冬の陣では信繁と真田丸で戦ったこともある。戦後、秀頼の正使として、和議のために誓書を秀忠に届ける。
伊木遠雄《いきとおかつ》	1567年～不 詳	関ヶ原の戦いでは石田三成方のため浪人となる。大坂の陣では信繁の軍監となる。
毛利勝永《もうりかつなが》	1578年～1615年	気象現象で味方を壊滅させてしまって悔やむ信繁に、「突撃するなら、明日、秀頼様の前で戦いましょう」と励ました逸話がある。
西尾宗次《にしおむねつぐ》	不 詳	通称仁左衛門。越前松平の家臣で、信繁の首を取ったとされている。

戦国豆知識

戦国時代と真田十勇士

猿飛佐助、霧隠才蔵、三好清海入道、三好伊三入道、穴山小介、由利鎌之助、筧十蔵、海野六郎、根津甚八、望月六郎は真田十勇士とよばれ、それぞれにモデルがいたとされるけれど、小説のなかのカッコいいヒーローたちは、講談や映画になったりしながら、痛快に飛び回る。そんな彼らを投影し、自分も10人のなかのひとりになって、十勇士の世界を楽しんだ人たちも多いだろう。信繁が幸村という名前に代わったのも、物語が生まれて以降のこと。彼らに導かれ、戦国時代をもっと知りたくなって、その扉をあけた人も多いような気がする。

※〈昌幸〉真田信之、信繁の父で、武田信玄、勝頼のもとでは足軽大将を務め、知略家だったといわれている。享年65歳。

Chapter 18

柴《し》田《ば》勝《た》家《かついえ》

猛将といわれる勝家は、経済政策にも長けていて、今日の福井市の礎を作ったといわれている。

DATA

●不詳〜1583(天正11)年
●出身地 尾張国(愛知県)
●父・勝義といわれているが不明、母・不明
●通称・権六郎、渾名・鬼柴田、掛かれ柴田
●主君・織田信秀→織田信勝→織田信長→織田秀信
●戒名・摧鬼院殿台岳還道大居士、幡岳寺殿籌山勝公大居士
●墓所・西光寺(福井県福井市柴田神社)、幡岳寺(滋賀県高島市)

信長対立派だったが戦いに敗れて忠誠を誓う

勝家に残された壮絶な逸話がある。賤ヶ岳の戦いに破れ、北ノ庄城※で自害する時、「わしの切腹を見て、のちの参考にせよ」と十文字に腹をかき切り、五臓六腑を自らつかみ出したというのだ。そして部下に命じて城に火を放ち、苦楽をともにした家臣たち、そして、妻のお市の方とともども煙のなかに消えた。

当初、信長の父織田信秀に仕え、信秀死去後は、信長の弟の信行のもとで要職だった。だから、もともとは信長家臣ではなく、むしろ信長と対立していたといえる。そのため、稲生で信長と戦うが敗戦。勝家は信行と罪を詫びて降伏した。その後再び、信行の謀叛企てを知ると、今度は忠誠を誓った信長に知らせ、以後、家臣として信長を支えていく。

忠誠や信義を重んじる勝家は、信長出陣では先鋒隊となり、形勢不利では退却の殿《しんがり》を務めたといわれる。家臣として勝家に仕えたことのある前田利家は、勝家の戦功はおよそ24あり、と上司を誇った逸話も残されている。

猛将といわれるが、勝家は町作りにも手腕を発揮した。それは、北ノ庄城を築城する際、一揆や災害で荒れた城下町を整備し、物資流通の道路、橋作りを行って経済を潤し、今日の福井市の基盤を作ったとされる。また、積極的に農地を検地し、戦国大名として初の刀狩りも実施している。

戦場での強さと、民をいたわる優しさをもった勝家は、信長亡き後の後継者問題で秀吉と対立。賤ヶ岳の戦いに破れて、北ノ庄城で一生を終えた。

家紋 丸に二雁金（まるににかりがね）

「まるにふたつかりがね」ともよぶ。
勝家の代になって「丸に」を取ることもあった。
特徴は、上の鳥が口を開けている。

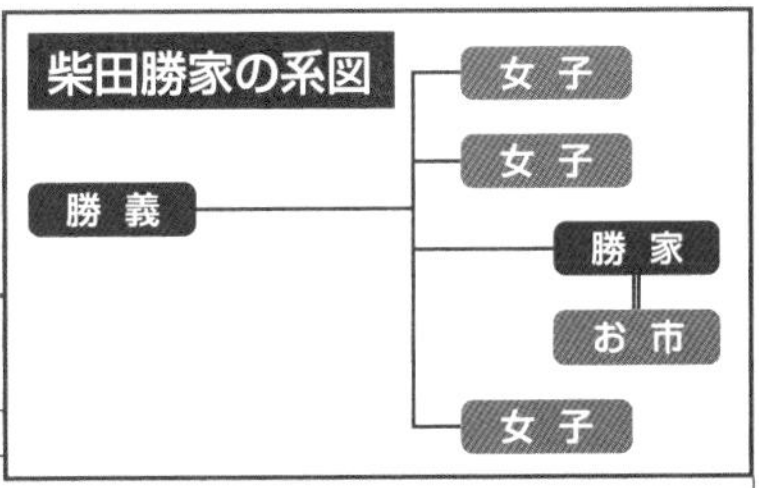

柴田勝家の略年表

西・和暦	年齢	主な出来事
1551（天文20）年	―	織田信秀が死去し、信行（別名は信勝）に仕えることになる。
1556（弘治 2）年	―	織田家後継者問題の稲生の戦いに敗れ、信長に臣従する。
1560（永禄 3）年	―	桶狭間の戦いで、信長軍として武功をあげる。
1568（永禄11）年	―	信長に従軍し、先陣をきって上洛する。
1570（元亀 元）年	―	姉川の戦いに参陣する。
1571（元亀 2）年	―	長島の一向一揆に参陣する。
1575（天正 3）年	―	越前一向一揆を平定し、北陸方面の指揮を任される。この頃、福井に北ノ庄城の築城を始め、城主となる。
1580（天正 8）年	―	加賀を平定する。
1582（天正10）年	―	本能寺の変。勝家は上杉景勝と交戦中で京都へは向かえず、秀吉に遅れをとる。山崎の戦い後の清洲会議で秀吉と意見が対立する。この頃、信長の妹、お市の方と結婚したとされる。
1583（天正11）年	―	賤ヶ岳の戦いで秀吉に敗れ、北ノ庄城でお市の方と自害して果てる。

柴田勝家公像
（福井県福井市柴田神社境内）

柴田勝家と関係した主な武将たち

織田信孝《おだのぶたか》	1558年～1583年	信長の三男（次男説あり）。清洲会議では、信長の後継者になれなかったため、勝家と組んで秀吉に対抗する。けれど賤ヶ岳の戦いで破れ、自刃する。
佐々成政《さっさなりまさ》	1539年～1588年 ※生まれは諸説あり	黒母衣衆のひとりとして信長に仕える。本能寺の変後の清洲会議では勝家につき、賤ヶ岳の戦いには援軍を送る。
佐久間盛政《さくまもりまさ》	1554年～1583年	鬼玄蕃と称され、信長家臣団の筆頭格として活躍する。賤ヶ岳の戦いでは、勝家側について戦功を挙げるが、勝家の忠告を聞かず、勝家敗北のきっかけを作ってしまった。

戦国豆知識

猛将勝家のもうひとつの顔

戦場では勇猛果敢だけれど、人を惹きつける優しさをもっていた勝家。同僚や部下に慕われていたエピソードがある。ひとつは、秀吉が羽柴姓を名乗る時、勝家の柴田から1文字を使用したいと願い出ていること。また、勝家の部下だった前田利家は、勝家の功績の多さを同僚に自慢しているのだ。利家に対しては、賤ヶ岳の戦い後、裏切りを責めずに「これからは秀吉に任せてみろ」といったという。そんな夫の気遣いに惹かれたのだろう。お市の方は、3人の娘を秀吉に託し、自らは勝家に寄りそうように、北ノ庄城の煙のなかに消えた。

※〈北ノ庄城〉1575年に柴田勝家が築城した平城で、完成まで4年を費やした。現在は柴田神社になっている。

Chapter 19

島《しま》津《づ》義《よし》弘《ひろ》

負けを知らない義弘が、屈辱を受けたとされる関ヶ原の戦い。
義弘は、勝者の東軍が驚き、勇猛さを賛嘆する離れ技で撤退した。

DATA

- 1535（天文4）年～1619（元和5）年
- 出身地・薩摩国（鹿児島県）
- 父・島津貴久、母・雪窓夫人
- 幼名・忠平、通称・又四郎
- 主君・島津義久→豊臣秀吉
- 享年・85歳
- 戒名・妙円寺殿松齢自貞庵主
- 墓所・福昌寺（鹿児島県鹿児島市）

13名の家臣が殉死

1587（天正15）年、20万人を超える秀吉軍が九州平定に乗り出した。島津義久は降伏。秀吉は、兄義久に変えて弟の義弘を当主とすることを命じた。

九州の桶狭間とよばれる木崎原の戦いの勝利、また、※**文禄・慶長の役**では、朝鮮半島での日本軍総撤退の際の殿《しんがり》を受け持ち、困難と思われた退却を見事に成功させた。いわば武人派としての活躍が目立つ反面、茶の湯、易学、漢学などを好む文化人的要素も持ち合わせていた。文禄・慶長の役では、朝鮮から陶工職人を連れ帰り、今日伝わる薩摩焼を保護して発展させている。

義弘は、島津貴久の次男として薩摩の亀丸城で生まれ、幼名を忠平、元服後は又四郎と名乗った。男4兄弟の長男義久はおとなしかったが、義弘ほか3人は、勇敢で活発な子どもだった。20歳になった時、岩剣城の合戦が行われ、この戦いが義弘の初陣となっている。父の貴久は、義久、歳久も一緒に初陣させ、以後、義弘は大小あわせると50を超える合戦に出陣、いずれにも功績を挙げている。けれど唯一負けたといわれる関ヶ原の戦いは、義弘66歳の時。高齢での敗北だったが、東軍武将が驚き、その勇猛さを称賛したといわれる「島津の退き口」で、義弘は、無事、薩摩への退却に成功。桜島で謹慎した。

家康の時代となり、家督を子の忠恒に継いだ義弘は、仏門に帰依し、余生を送った。そして85歳で長寿を全うすると、その人徳により、13名の家臣が、義弘を追って殉死した。

家紋 丸に十字（まるにじゅうじ）

源頼朝から
平家征伐の恩賞に授けられた。
昔は「十」の文字だけだったこともある。

島津義弘の系図

- 忠義 ― 貴久（雪窓夫人）
  - 義久
  - 義弘（北郷忠孝の娘）

島津義弘の略年表

西・和暦	年齢	主な出来事
1535（天正 4）年	1歳	島津四兄弟の次男として生まれる。
1554（天文23）年	20歳	岩剣城攻めで初陣を飾る。
1564（永禄 7）年	30歳	北原氏の飯野城に入城し、居城とする。
1566（永禄 9）年	32歳	三山城の戦いに敗北する。
1572（元亀 3）年	38歳	木崎原の戦いで、僅か300人ながら伊東氏を破る。
1578（天正 6）年	44歳	兄の義久を総大将として耳川の戦いに参戦する。
1585（天正11）年	51歳	肥後国の守護代として阿蘇氏を降伏させる。
1587（天正13）年	53歳	根白坂の戦いで豊臣軍と戦うが、島津軍は壊滅状態になるほどの惨敗。秀吉に降伏する。
1592（文禄 元）年	58歳	文禄の役で朝鮮に渡る。
1598（慶長 3）年	64歳	慶長の役で朝鮮へ渡り、泗川の戦いに参戦する。
1600（慶長 5）年	66歳	関ヶ原の戦いでは西軍につき、「島津の退き口」を行って撤退する。
1619（元和 5）年	85歳	大隈加治木で亡くなる。殉死者が13名でたと言われる。

島津義弘 肖像

島津義弘と関係した主な武将たち

伊東義祐《いとうぎすけ》	1512年～1585年	1572（元亀3）年の木崎原の戦いでは、3千人の伊東義祐軍に対して島津軍は3百人で勝利。義弘は兄を支えて功績を挙げる。
志賀親次《しがちかつぐ》	1566年～1660年	島津の豊後侵攻では大友軍として戦うが、巧みな戦術で撃退する。義弘は、「楠木正成の再来」と評したと伝えられている。
長寿院盛淳《ちょうじゅいんもりあつ》	1548年?～1600年	関ヶ原の戦いでは、「島津の退き口」の時に、義弘から拝領した陣羽織と軍服を身に着け、義弘の影武者になったといわれている。どのように戦死したかは不明。
小返《こがえ》しの五本鑓《ごほんやり》	――――	関ヶ原の戦いで、敵中突破退却戦を下馬して奮戦した、5人の義弘家臣を顕彰して称する。

戦国豆知識

敵の東軍も賞賛した島津の退き口

「奇襲しかない！」。これが連戦連勝、義弘の関ヶ原の戦い方だった。けれど、戦いの王道を考える三成は拒否。業を煮やした義弘は、当日戦わずに関ヶ原を眺めていた。西軍の敗北が濃厚。敵中に孤立した1500名の島津軍は、驚くべき行動に出た。敵大軍のなかを行進しだしたのだ。主君の義弘を守り、何人かが留まって敵の足止めをし、全滅すると、また留まってを繰り返し、ついには奇跡の中央突破を成し遂げた。海路を利用して薩摩に帰国した時は、1500人の兵が数十名になっていたという「島津の退き口」を、敵の東軍は賞賛した。

※〈文禄・慶長の役〉1592（文禄元）年～1598（慶長3）年の朝鮮出兵。現在は文禄の役、慶長の役と分けずにいうことが多い。

Chapter 20

滝川一益《たきがわかずます》

信長の意向に応えるべく戦いに明け暮れた一益は、織田四天王のひとりに数えられるまでになった。

DATA

- 1525(大永5)年~1586(大正14)年
- 出身地・近江国(滋賀県)
- 父・一勝もしくは資清、母・不明
- 幼名・久助、通称・彦右衛門
- 主君・六角定頼→織田信長→織田秀信→豊臣秀吉
- 享年・62歳
- 戒名・道栄
- 墓所・信楽寺(島根県)、霊泉寺(福井県)

不運にも清洲会議に参加できなかった一益

一益は鉄砲の射撃能力や製造技術をもち、信長が戦いに鉄砲使用を考えていたことで、召抱えられたといわれている。そして1567(永禄10)年から2度にわたり、一益は一軍の将として、北伊勢攻めに参戦している。領地を与えられ、一益に実力があると知るや、信長は次から次へと大役を与え、一益も必死にそれに応え、伊勢長島の一向一揆鎮圧、長篠の戦い、加賀一向一揆攻め、天王寺の戦いなど、多くの合戦に参陣した。また、信玄亡き後の武田氏攻めでは、天目山麓に武田勝頼を追い詰め、戦果を挙げ、上野一国と信濃二郡を与えられた。あわせて上野厩橋《まやばし》城で領地を統治するなど、関東圏で大きな建言を有する立場へ出世していく。そして、柴田勝家、丹羽長秀、明智光秀と並び、織田四天王とよばれるまでになった。

順調に出世を続けた一益だったが、1582(天正10)年6月、信長が本能寺の変で明智光秀に討たれたことで、小田原城の北条氏直が、上野の一益めがけて侵攻を開始。一益は大敗を喫し、伊勢長島城への退去を余儀なくされる。そんな矢先に『**清洲会議**』※が行われ、不参加の一益には、たとえ織田四天王であっても、後継者選びの発言権は与えられなかった。そして後継者選びは、秀吉と柴田勝家による賤ヶ岳の戦いへと発展していく。

この戦いでは、一益は勝家側に加わるが、秀吉軍の勝利によって城は没収となる。剃髪した一益は3年後、この世を去った。

家紋 丸に竪木瓜（まるにたてもっこう）

木瓜紋の変型で、
織田木瓜よりひとつ少ないのは、
信長へ敬意をあらわしているのかもしれない。

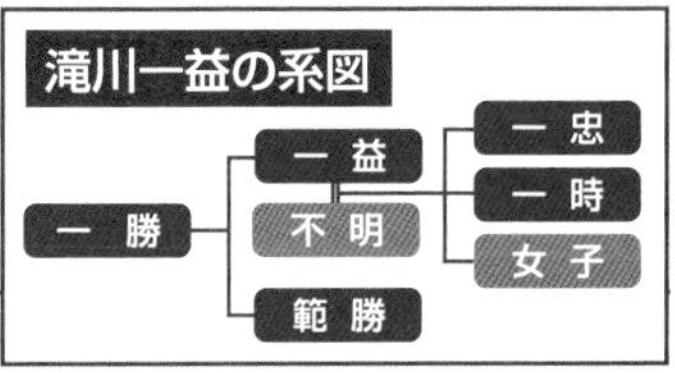

滝川一益の略年表

西・和暦	年齢	主な出来事
1525(大永 5)年	1歳	近江国甲賀郡の郷士、滝川一勝の子として生まれる。
1555(天文22)年	31歳	この頃から織田信長家臣になった説がある。
1562(永禄 5)年	38歳	織田信長と徳川家康の清洲同盟締結に尽力する。
1567(永禄10)年	43歳	同年、翌年の北伊勢攻めでは先鋒隊を務める。
1569(永禄12)年	45歳	北伊勢5郡を拠点にする。
1570(元亀 元)年	46歳	長島一向一揆攻め、石山本願寺の戦いに参戦する。
1572(元亀 3)年	48歳	三方ヶ原の戦いに参陣する。
1573(天正 元)年	49歳	一乗谷城の戦いに参戦する。
1575(天正 3)年	51歳	長篠の戦いでは鉄砲隊を務める。
1576(天正 4)年	52歳	天王寺の戦いに参陣する。
1579(天正 7)年	55歳	有明城の戦いに参陣する。
1582(天正10)年	58歳	織田信忠のもとで甲斐の武田攻めを行う。本能寺の変後の清洲会議は北条氏との交戦で参加出来ず。北条氏に敗れて、伊勢長島に戻る。
1583(天正11)年	59歳	賤ヶ岳の戦いでは柴田勝家につき、秀吉に降伏する。京都の妙心寺で剃髪する。
1584(天正12)年	60歳	小牧·長久手の戦いで秀吉につくが敗退する。
1586(天正14)年	62歳	越前国大野で病死する。

滝川一益 肖像
清洲会議に不参加のため、秀吉に遅れをとってしまった

滝川一益と関係した主な武将たち

九鬼嘉隆《くきよしたか》	1542年～1600年	伊勢長島の一向一揆を鎮圧するために、一益とともに水軍を率いて海上から射撃を行った。
武田勝頼《たけだかつより》	1546年～1582年	重臣の裏切りにより、逃亡途中で家族と自害して果てる。勝頼の首級を挙げたのは、信忠説、一益説あり。
真田昌幸《さなだまさゆき》	1547年～1611年	信玄の家臣だったが、武田氏滅亡後は一益の与力となる。関ヶ原の戦いで西軍につき、改易される。
織田信忠《おだのぶただ》	1557年～1582年	信長の嫡男で、甲州の武田攻めでは総大将となるが、副将的立場で一益が支えた。

戦国豆知識

領地よりも茶器を欲した一益

1582（天正10）年、武田勝頼が自害して武田氏は滅びる。この時、副将として勝頼を追い詰めた一益には、上野一国などの領地と東国取次などの権限、そして、慣れない東国への赴任は大変だろうと、信長から名馬も贈られたという。けれど一益は「珠光小茄子」という茶入れを希望していたようで、領土や権限には、さほど関心を示さなかったという話がある。信長のもとで多くの合戦に命をかけて参加し、地位も領土も名誉も手にした。そして気がついたら58歳。一益に感慨深いものがあったのだろうか。これ以降は何故か負け戦が続くことになる。

※〈清洲会議〉山崎の戦い後に、信長重臣で行われた織田氏継承問題と領地再分配会議。丹羽長秀、池田恒興などが参加。

Chapter 21

武《たけ》田《だ》信《しん》玄《げん》

人の命を軽んじ、傲慢な政策を行っていた父を反面教師として、信玄は、国の生産性を高める政策で国づくりを行った。

DATA

●1521（大永元）年～1573（天正元）年
●出身地・甲斐国（山梨県）
●父・武田信虎、母・大井氏の娘
●幼名・勝千代といわれているが、太郎ともいわれている。その後に晴信、渾名・甲斐の虎
●幕府・室町幕府 甲斐守護職・信濃守護職
●享年・53歳
●戒名・法性院機山信玄
●墓所・武田神社（山梨県甲府市）、信玄墓、大泉寺（山梨県甲府市）、恵林寺（山梨県甲府市）、諏訪湖（長野県）、長岳寺（奈良県天理市）、龍雲寺（長野県佐久市）、高野山（和歌山県伊都郡高野町）、妙心寺（京都府京都市右京区）ほか

お世継ぎ誕生で戦いは一気に勝利へ

1万5千人の今川勢が、躑躅ケ崎《つつじがさき》の館周辺に押し寄せてきた。戦禍を避けて積翠寺《せきすいじ》に避難した大井の方は、館を警護する武士と数人の侍女に護られながら、ひとりの男の子を生んだ。それが信玄だった。

幼名の勝千代という名は、「お世継ぎ誕生」で士気の上がった武田軍が、今川軍の総大将福島正成の首をあげ、戦いに勝利したことで父信虎が名付けた。

信虎は、領地拡大のために無謀な出兵を繰り返していた。子どものころから聡明、快活といわれた信玄には、人の命を軽んじる傲慢な信虎の政策には納得がいかず、また、重臣や領民たちも批判的な考えをもっていた。このままでは内政問題が起きると危惧した信玄は、信虎に不満をもつ重臣たちと協力し、強制隠居に近い形で、信虎を駿府の今川義元のもとに追放した。家督を継いだ信玄は21歳だった。

「人は石垣、人は城」という考え方で国づくりを行った信玄は、街道を整備して関所を置き、領内を通る商人に課税したり、金山経営、甲州枡の度量衡、治水事業の※**信玄堤**《しんげんつつみ》に新田開発など、様々な政策で国の生産性を高めた。また、分国法としての『甲州法度之次第』を制定し、『孫子』の兵法書を引用した「風林火山」の馬印は、信長が最も恐れたという。

信虎を反面教師として、家臣や領民の心をとらえた信玄は、武田軍団を率いて上杉謙信、信長、家康、後北条氏など数々の戦いを続けていたが、野田城攻略後に病で倒れ、戦いのなかで生まれ、戦いのなかで信玄は逝った。

家紋 **武田菱（たけだびし）**

武田の「田」を模様にしたという説がある。

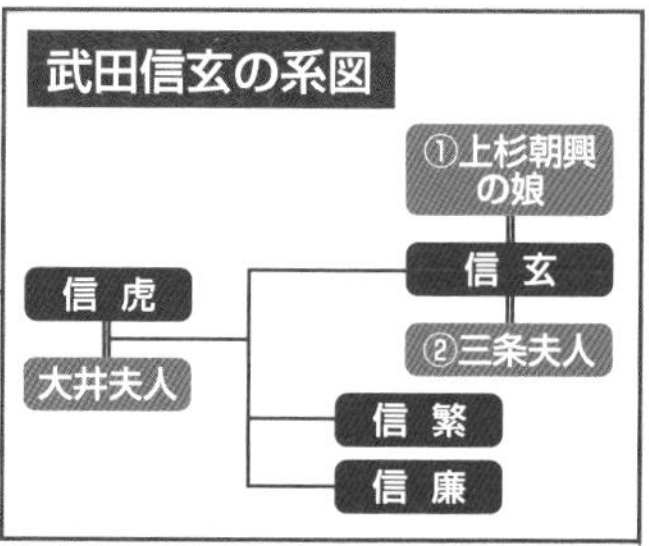

武田信玄の略年表

西・和暦	年齢	主な出来事
1521(大永 元)年	1歳	武田信虎の嫡男として生まれる。
1533(天文 2)年	13歳	上杉朝興の娘と結婚する(翌年母子とも死去)。
1536(天文 5)年	16歳	元服する。晴信となる。三条公頼の娘を正室にする。海口城攻めで初陣する。
1537(天文 6)年	17歳	今川義元と甲駿同盟を結ぶ。
1541(天文10)年	21歳	父を今川義元に人質に出して自らが家督を相続する。
1542(天文11)年	22年	諏訪頼重を攻めて滅ぼす。
1547(天文16)年	27歳	武田家分国法「甲州法度之次第」を定める。
1553(天文22)年	33歳	上杉謙信との第1次川中島の戦い(第5次まで行われる)。
1554(天文23)年	34歳	甲相駿の三国同盟成立する。
1559(永禄 2)年	39歳	出家して信玄となる。
1572(元亀 3)年	52歳	信長打倒の西上作戦始める。
1573(天正 元)年	53歳	三方ヶ原の戦いで信長、家康に勝利。信濃で病死。

**武田信玄公 銅像
（山梨県甲府市）**

武田信玄と関係した主な武将たち

山本勘助《やまもとかんすけ》	1493年〜1561年 ※もしくは1500年	信玄の身近に仕え、第4次川中島の戦いでは、啄木鳥戦法を考案。創作人物といわれたが、信玄書状の山本菅助と同一人物とされている。
真田昌幸《さなだまさゆき》	1547年〜1611年	父の幸隆と親子で信玄に仕える。川中島の戦いは、幸隆が先鋒隊を務めた。昌幸は勝頼にも仕え、足軽大将を務めた。真田信繁の父。
原昌胤《はらまさたね》	不　詳〜1575年	信玄に仕え、鬼美濃とよばれるほど多くの合戦で功労を挙げている。武田二十四将の一人として長篠の戦いで戦死。
山県昌景《やまがたまさかげ》	1515年?〜1575年	信玄の近習として仕え、侍大将となる。その後、虎昌謀反で功績をあげて山県姓を与えられる。長篠の戦いで戦死。

武田二十四将

一般的にいわれている二十四将は次の人たち。

●秋山信友	●穴山信君	●甘利虎泰	●板垣信方	●一条信龍
●小幡(小畠)虎盛	●小幡昌盛	●飯富虎昌	●小山田茂信(武田勝頼が入る場合もある)	
●高坂昌信(春日虎綱)	●三枝守友	●真田信綱	●真田幸隆	●武田信繁
●武田信廉	●多田満頼	●土屋昌次	●内藤昌豊	●馬場信春
●原虎胤	●原昌胤	●山県昌景	●山本勘助	●横田高松

戦国豆知識

信玄と風林火山

信玄の旗印といえば「風林火山」。この4文字は、中国の春秋時代末期に孫武が書いたとされる兵法書『孫子』（作戦、軍形、兵勢など13編からなる）の『孫子　軍争篇第七』のなかにある。其疾如風―そのはやき（疾）こと風のごとく、其徐如林―そのしずか（徐）なること林の如く、侵掠如火―侵りゃく（掠）すること火の如く、不動如山―動かざること山の如し、と教えている。また、『謀攻篇』には、彼（敵）を知り己を知れば百戦殆うからず、とあり、戦国の武将たちは、こうした兵法書を読み、聞き、学んで、戦場のなかに身を投じていった。

※〈信玄堤〉山梨県甲斐市にある堤防。霞提という手法で作られ、エコロジーの視点をもった治水法として評価されている。

Chapter 22

立《たち》花《ばな》宗《むね》茂《しげ》

愚直なまでの恩義と忠誠心を持った立花宗茂には、「敗軍を討っては武家の誉れにあらず」という美の心があった。

DATA

- 1567（永禄10）年～1642（寛永19）年
- 出身地・筑前国（福岡県）
- 父・高橋紹運、母・宋雲院
- 幼名・千熊丸、その後は高橋統虎、戸次統虎などいくつか改名する
- 主君・大友宗麟→大友義統→豊臣秀吉→豊臣秀頼→徳川家康→徳川秀忠→徳川家光
- 享年・76歳
- 戒名・大円院殿松陰宗茂大居士
- 墓所・圓満山廣徳寺（東京都練馬区）→福厳寺（福岡県福岡市）

秀吉も家康も絶賛した 恩義に厚き武将

立花道雪に望まれて13歳で養子となった宗茂は、後に剣術はタイ捨流免許皆伝。宗茂自身も抜刀術隋変流儀を開祖し、弓術も日置流免許皆伝を受けて、合戦では若武者ぶりを発揮した。秀吉は「西には天下無双の大将立花宗茂がいる」と称賛し、そんな宗茂の武勇伝のひとつが文禄・慶長の役での活躍だ。

加藤清正が、明・朝鮮軍に包囲されて窮地に陥っている時、評定で強引に説得し、宗茂はわずか1千人の兵を率いて救援に向かった。そして5百人の鉄砲隊で5千人の明軍を撃破。宗茂の勇猛果敢さを見た清正は、日本軍第一の勇将と絶賛した。清正にはこの時の恩義があったのだろう、関ヶ原の戦いで西軍について改易され、浪人となった宗茂を家臣になるよう誘い、断る宗茂を食客として迎え入れている。

宗茂の父紹運は、島津軍の筑前侵攻で玉砕。島津は父の仇ともいえる。なのに宗茂は、**義弘**※と関ヶ原の戦いではともに引き揚げている。その時「今こそ父君の仇を討つ好機なり」と家臣に忠告されるが、「敗軍を討っては武家の誉れにあらず」といい、むしろ兵士の少ない義弘の護衛を申し出ている。

関ヶ原の戦いでは、家康から法外な恩賞で東軍に誘われても「秀吉公の恩義を忘れて東軍に付くなら命を絶ったほうがよい」といい放った。そして西軍に勝ち目なしといわれても「勝敗にはかかわらず」と、愚直なまでの信義と忠誠心を持った宗茂を、家康は亡くなる前に「宗茂を15万石以上の大名に決してしてはならぬ」と秀忠にいい残している。

家紋 **祇園守（ぎおんまもり）**

祇園守は京都八坂神社の守り紋。

立花氏は、札祇園守、くずし祇園守など6種類を使用している。柳川守、立花守とも呼ぶ。

立花宗茂の系図

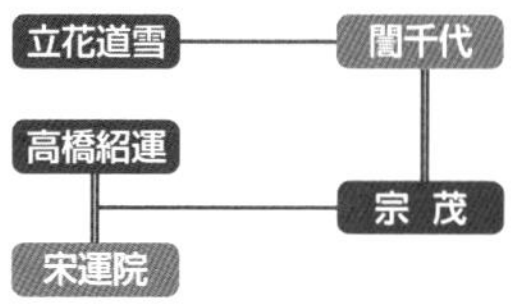

立花宗茂の略年表

西・和暦	年齢	主 な 出 来 事
1567（永禄10）年	1歳	高橋紹運の嫡男として生まれる。
1581（天正 9）年	15歳	立花家の娘誾千代と結婚して立花家を相続する。
1584（天正12）年	18歳	秋月種実に立花城を攻められるが撃退する。
1586（天正14）年	20歳	岩屋城の戦いで、父紹運が討たれる。
1587（天正15）年	21歳	秀吉の九州攻めに大友宗麟と共に参陣。功績を挙げて、13万石の筑前柳川城主となる。
1590（天正18）年	24歳	秀吉の小田原城攻めに参陣する。
1592（文禄 元）年	26歳	文禄の役で朝鮮に出兵する。
1597（慶長 2）年	31歳	慶長の役で朝鮮に出兵する。
1600（慶長 5）年	34歳	関ヶ原の戦いでは西軍につくが、大津城攻めで動けず、戦いには参戦出来なかった。
1603（慶長 8）年	37歳	家康に召抱えられて陸奥国棚蔵1万石を拝領する。
1615（元和 元）年	49歳	徳川方で大坂夏の陣に参陣する。
1620（元和 5）年	54歳	筑後の柳川に10万石を拝領する。
1627（寛永14）年	71歳	島原の乱に参陣する。
1642（寛永19）年	76歳	江戸藩邸で亡くなる。

立花宗茂 肖像

立花宗茂と関係した主な武将たち

十時連貞《とときつれさだ》	1556年～1644年	道雪、宗茂と仕える。関ヶ原を戦い、戦い後も主君宗茂と行動をともにし、浪人時代は生活苦で仲間と虚無僧になり宗茂の米銭を稼いだ逸話がある。その後は徳川家臣となり、宗茂からも石高を与えられている。
小野鎮幸《おのしげゆき》	1546年～1609年	日本七槍、立花四天王とよばれるだけに、数多くの戦いに出陣。身体に60数ヵ所の傷があったという。宗茂のもとでは次席家老を務め、家中最高の5千石を受けている。なお、小野洋子（ジョン・レノンの妻）は子孫にあたる。
立花道雪《たちばなどうせつ》	1513年～1585年	嫡男がいなかったので、高橋紹運の子宗茂を養子に迎える。落雷を受けて重傷を負い、以後、輿に乗って戦場に出た。

戦国豆知識

戦国時代に珍しい女性当主

立花道雪には、50歳を超えた時に生まれた子どもがいた。それが、誾千代《ぎんちよ》。女の子だった。道雪は、主家である大友家の許可を得て、誾千代が7歳の時に家督を継がせ、戦国時代には珍しい女性当主の誕生となった。6年後、今度は宗茂を養子に迎えて誾千代と結婚させ、2人仲良く立花家を守り、自分はのんびり隠居暮らしを夢みたけれど、2人は仲が思わしくなく、関ヶ原の戦い後は、宗茂は江戸で浪人暮らし、誾千代は肥後で隠棲生活となる。そして2年後、誾千代は息をひきとる。享年34歳。宗茂が徳川に仕えた時には、悲しくも亡くなっていた。

※〈義弘〉島津氏第17代当主。関ヶ原では「島津の退き口」で脱出。約1500人の兵士はほぼ亡くなり、無事の帰国者は数十人だった。

Chapter 23

伊《だ》達《て》政《まさ》宗《むね》

政宗の右目が病におかされ、側近の景綱はその右目に短刀を突き刺した。一瞬の出来事は、伊達が大大名となる第一歩だった。

DATA

- 1567（永禄10）年～1636（寛永13）年
- 出身地・出羽国（山形県）
- 父・伊達輝宗、母・義姫（保春院）
- 幼名・梵天丸、仮名・藤次郎
- 主君・豊臣秀吉→豊臣秀頼→徳川家康→徳川秀忠→徳川家光
- 享年・70歳
- 戒名・瑞巌寺殿貞山禅利大居士
- 墓所・瑞鳳殿（宮城県仙台市）、青葉神社（宮城県仙台市）

難局を堂々とした立ち居振る舞いで乗り切る政宗

出羽米沢の米沢城に生まれた政宗は、幼いころ疱瘡（天然痘）にかかり、右目を失明する。病ゆえなのか、容貌に自信がもてなくなった政宗の性格は消極的となり、母の愛情は弟の竺丸に向いていった。その様子を見ていた側近の片倉景綱は、将来家督を継ぐであろう政宗を案じ、自らの短刀で政宗の右目を摘出したという逸話が残っている（政宗が景綱に命じたという説もある）。

18歳で家督を継いだ政宗は、24歳で伊達家を百万石大名にまで育てあげる。時代は秀吉が九州を平定し、全国統一に向けて、いよいよ最後の大仕事、それが1590（天正18）年の小田原城攻めだった。とはいえ、伊達家と北条家は同盟関係にあったため、政宗は国の処し方に悩む。その結果、一時は秀吉との関係も危ぶまれたが、堂々とした政宗の立ち居振る舞いを秀吉は感じ入り、会津3郡の没収程度で事なきを得た。

※**鉄黒漆塗五枚道具足と兜**で戦場を駆ける政宗。大胆かつ派手な演出は、朝鮮出兵時に、京都市中を絢爛豪華な戦装束で歩く姿にも表現され、京の住民は歓声と拍手喝采だったという。以来、そうした派手な装いをする人を、伊達者とよぶようになった。

政宗には多くの趣味があり、そのひとつに料理研究があったという。元々は、合戦のための兵糧開発が目的で、仙台名物のずんだ餅や、岩出山名物の凍み豆腐と納豆は、兵士の戦場でのタンパク源補給のために、政宗によって開発されたと伝えられている。

家紋　竹に二羽飛雀
（たけににわすずめ）

秀吉からは「菊」と「桐」の紋を拝借し、
細川氏からは「九曜紋」の使用も許されていた。

伊達政宗の系図

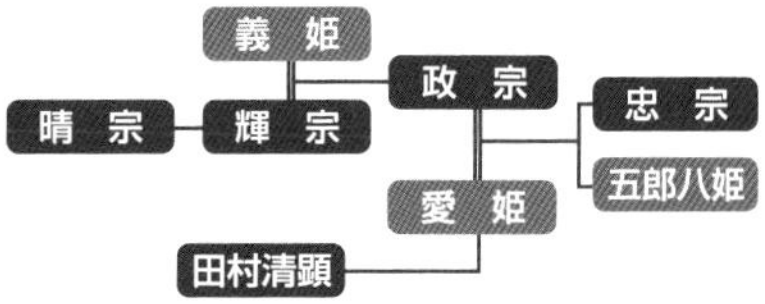

伊達政宗の略年表

西・和暦	年齢	主　な　出　来　事
1567（永禄10）年	1歳	伊達藩主輝宗の嫡男として生まれる。幼少の頃、天然痘で右眼を失う。
1575（天正　3）年	―	片倉小十郎が傅役となる。
1577（天正　5）年	11歳	父が隠居のため異例の速さで元服。藤次郎政宗となる。
1579（天正　7）年	13歳	戦国大名・三春城主田村清顕の娘愛姫と結婚する。
1581（天正　9）年	15歳	相馬氏との戦いで初陣する。
1584（天正12）年	18歳	第17代当主となる。
1585（天正13）年	19歳	小手森城のなで斬り。反伊達連合軍との人取橋の戦い。
1589（天正17）年	23歳	摺上原の戦いで蘆名氏に勝利。奥州110万石となる。
1590（天正18）年	24歳	秀吉の小田原城攻めに参陣。白装束で秀吉に謁見する。
1592（文禄　2）年	26歳	文禄の役で朝鮮出兵する。
1600（慶長　5）年	34歳	慶長出羽合戦の長谷堂の戦いに出陣。
1601（慶長　6）年	35歳	初代仙台藩主となり、仙台城築城、城下町の整備を行う。
1614（慶長19）年	48歳	大坂夏の陣に参戦する。
1615（元和　元）年	49歳	大坂冬の陣に参戦する。
1628（寛永　5）年	62歳	隠居して若林城に入る。
1636（寛永13）年	70歳	江戸藩邸で病死する。

伊達政宗像
（宮城県仙台市仙台城祉内）

伊達政宗と関係した主な武将たち

田村清顕《たむらきよあき》	不　　詳～1586年	伊達氏との関係を深めるために、ひとり娘の愛姫を政宗に嫁がせた。
後藤信康《ごとうのぶやす》	1556年～1614年	政宗に仕え、文禄の役では政宗に従って渡海する。戦場へは黄色の羽衣をつけるので、「黄後藤」とよばれていた。
鬼庭綱元《おににわつなもと》	1549年～1640年	政宗が大崎一揆の黒幕嫌疑をかけられ、綱元は釈明するために京に派遣される。その後は秀吉との交渉係を担当する。
支倉常長《はせくらつねなが》	1571年～1622年	1611年に仙台藩におこった慶長の大津波後の経済、文化発展のために、政宗の命令で、慶長遣欧使節として海を渡った。

戦国豆知識

「政宗、なかなかやるのう」

政宗の父の代から北条家とは同盟関係にあったため、秀吉の小田原城攻めは躊躇し、参陣が遅れた。命令違反の罪で幽閉させられた政宗は、千利休のお茶を習いたいと申し出た。秀吉は怒りの矛先を見失い、笑ってしまった。ある時、一揆発生の黒幕嫌疑をかけられた政宗は、白装束姿で髪を水引きで束ね、列の先頭に金箔の磔柱を2本押し立て、「私は無実だ。もし磔の刑を下すなら、このぐらいの磔柱でないと納得できないと、無言で語っているかのように上洛の行進。話を聞いた秀吉は、政宗の演出力に驚かされ、「政宗、なかなかやるのう」と呟いた。

※〈鉄黒漆塗五枚道具足と兜〉映画『スターウォーズ』のダースベイダーのマスクは、この兜をモチーフにデザインされた。

Chapter 24

長宗我部元親《ちょうそかべもとちか》

「姫若子」が「鬼若子」に代わった瞬間、元親の四国統一の快進撃がはじまる。

兵法書を読み、密かに学んでいた元親

室町時代の四国は、名門武家の細川氏が、伊予を除く3国の守護職を独占。その後、細川氏が三好長慶に倒され、影響力が低下しつつあった時、四国統一に名乗りを上げたのが元親だった。

子どものころの元親は、背が高く体格にも恵まれていたが、色白で無口。人見知りもあって「周囲からは姫若子《ひめわこ》と異名をつけられ、ささやき笑いけり」と『土佐物語』には書かれている。父の国親は、当家も世も末と覚悟し、元親に期待をかけていなかった。けれど兵法書を読み、後継者としての心構えを学んでいたようで、1560（永禄3）年の長浜の戦いでは、本山軍相手に、敗北濃厚だった長宗我部軍を、初陣ながら大勝利へと導く。

出陣に際して元親は、槍の使い方などを部下の秦《じん》泉寺豊後《ぜんじぶんご》に尋ねるが、いざ戦闘となると、騎馬武士2人を倒し、「人は命より名を惜しむものだ。一歩も引くな」と檄を飛ばし、50騎の部下を引き連れて勇猛果敢に攻め入った。その戦いぶりは「土佐の出来人」「鬼若子」とよばれ、以後、元親が頼みにした※**一領具足**の活躍もあって、1572（元亀3）年には土佐をほぼ統一してしまった。

1585（天正13）年、秀吉軍が四国攻めを行ってきた。元親は立ち向かったが、3倍近い兵力差には、勇敢な元親といえ限界もあり、2ヶ月ほどで降伏。領土は土佐一国のみとなってしまった。その土佐も、関ヶ原の戦いで西軍についた長宗我部氏は、山内氏に領土を譲り、時代を終えることとなる。

DATA

- 1539（天文8）年〜1599（慶長4）年
- 出身地・土佐国（高知県）
- 父・長宗我部国親、母・斎藤利長の娘・祥鳳玄陽
- 幼名・弥三郎
- 主君・豊臣秀吉→豊臣秀頼
- 享年・61歳
- 戒名・雪渓如三大居士、雪渓恕三大禅定門
- 墓所・天甫寺山（高知県高知市）

家紋 丸に七つ片喰
（まるにななつかたばみ）

元親までは長宗我部氏が
代々使用し続けてきた紋。

長宗我部元親の系図

兼序 ― 国親
国親 ― 祥鳳玄陽
国親 ― 元親
元親 ― 石谷光政の娘

長宗我部元親の略年表

西・和暦	年齢	主な出来事
1539(天文 8)年	1歳	長宗我部国親の嫡男として生まれる。
1560(永禄 3)年	22歳	長浜の戦いに初陣し、勝利する。父が亡くなり、家督を継いで当主となる。
1563(永禄 6)年	25歳	石谷光政の娘と結婚する。
1568(永禄11)年	30歳	本山城を攻略し、翌年、八流の戦いで安芸氏を攻略する。
1575(天正 3)年	37歳	四万十川の戦いに勝利して土佐を統一。織田信長と同盟関係になる。
1582(天正10)年	44歳	中富川の戦いで三好氏に勝利。阿波など、領土を拡げていく。
1585(天正13)年	47歳	四国をほぼ統一後、秀吉の四国征伐によって、秀吉に降伏する。
1586(天正14)年	48歳	戸次川の戦い。
1597(慶長 2)年	59歳	長宗我部元親百箇条を発布する。
1599(慶長 4)年	61歳	伏見屋敷で病死する。

長宗我部元親 初陣の像（高知県高知市）

元親とお酒の逸話

長宗我部元親百箇条の中に、大酒を禁止すると記されている。なのに、元親はお酒好きだったため、ひっそり城内に持ち込んでは飲んでいた。元親は、それをみた重臣の福原儀重に撤回を求められ、改心をした。

長宗我部元親と関係した主な武将たち

久武親信《ひさたけちかのぶ》	不　詳～1579年	元親に重用されて高岡郡佐川城主となったが1579年、岡本城を攻撃中に討死する。
谷《たに》 忠澄《ただずみ》	1534年～1600年	土佐神社の神職だったが元親に登用される。秀吉軍の四国攻めで、元親に降伏を進言した。
桑名吉成《くわなよしなり》	1551年～1615年	戸次川の戦いでは元親を守って無事に撤退を完了させて貢献した。
福留親政《ふくとめちかまさ》	1511年～1577年	祖父の代から長宗我部氏に仕える。21回を数える功績を挙げ、元親からも感謝された荒武者。伊予遠征で討死する。

戦国豆知識

長宗我部元親百箇条とは

元親・盛親親子による長宗我部氏の代表法令で、『長宗我部掟書』など標題が多い。朝鮮出兵を考慮して土佐国内を固めるために発布したものとされ、内容は、武士浪人・一般庶民・神官僧侶などの階級制度や親子関係、主従に関する身分法、財産法、起訴・刑事などの取締法、交通、軍事、分教など、多岐にわたって禁止事項などが書かれている。また、元親の基本的考えを示したと思われ、神仏の崇拝を令し、公儀への勤仕を最初に掲げるなど、いわば、公儀・公益を優先することを規定した領国法と、家法をあわせもった法令といえよう。

※〈一領具足〉通常は農作業に従事し、戦になると甲冑を身に着けて戦場に向かう人たちのことをいう。

Chapter 25

藤《とう》堂《どう》高《たか》虎《とら》

裸一貫で32万石の大名まで上りつめた高虎。その死によって、どうしてそこまで上りつめられたのかが見えてきた。

DATA

- 1556（弘治2）年～1630（寛永7）年
- 出身地・近江国（滋賀県）
- 父・藤堂虎高、母・藤堂忠高の娘
- 幼名・与吉、通称・与右衛門
- 主君・浅井長政→阿閉貞征→磯野員昌→織田信澄→豊臣秀長→豊臣秀保→豊臣秀吉→徳川家康→徳川秀忠→徳川家光
- 享年・75歳
- 戒名・寒松院殿道賢高山権大僧都
- 墓所・寒松院（東京都台東区上野恩賜公園内）

他に類をみない7度の主君替え

近江国小領主の藤堂氏だったが、高虎が生まれたころは貧しくて、農民と大差ない経済状態だった。浅井長政の家臣となり、姉川の戦いでは武功を挙げ、長政から感状を受けている。ところが、浅井氏は信長に滅ぼされ、職を失った高虎は、以後、浅井氏の旧臣阿閉貞征、磯野員昌や、また、近江を去った後は、信長の甥織田信澄、秀吉の弟の秀長、養子の秀保に仕え、一度高野山に入るが、高虎の才覚を惜しむ秀吉によって召抱えられ、還俗、最後は家康のもとで32万石の大名というように、仕官と主君替えを繰り返している。

血筋が特によいわけでなく、裸一貫で32万石へと上りつめた高虎。藤堂家の記録によると、高虎がどうして32万石まで上りつめたのかが、多少垣間見えるような記載がある。

「6尺2寸の御遺骸には、戦場傷が数えられないほどあった。右手の薬指と小指は切れ、爪がなかった。左手の中指も1寸ほど短く、左足の親指にも爪はなく、左右の手の残った指の腹には、ふしくれだったまめがいくつもあった」。いわば32万石を、高虎は命をかけて勝ち取ったのだ。そして高虎は「常に死を覚悟していれば、心は動じない」という言葉を残している。

1585（天正13）年、高虎は普請奉行に任命され、築城に関わる。以後、名築城家として、**江戸城**※改修や数多くの城に加えて日光東照宮や、徳川家の菩提寺となる寛永寺の建立にも携わっている。

家紋 蔦紋（たもん）

どこまでも伸びる生命力をもった蔦をデザインした紋。
徳川吉宗が替え紋として使用すると、
権威ある紋となった。

藤堂高虎の系図

虎高 ― 藤堂忠高の娘
高虎 ― 高次
久芳院

藤堂高虎の略年表

西・和暦	年齢	主な出来事
1556（弘治　2）年	1歳	藤堂村の土豪、虎高の次男として生まれる。
1570（元亀　元）年	15歳	浅井氏に仕えて姉川の戦いで貢献するが、その後、浅井のもとを去る。
1576（天正　4）年	21歳	木下（後の豊臣）秀長に仕えて3百石となる。
1582（天正10）年	27歳	山崎の戦いに参加、翌年は賤ヶ岳の戦いで戦功を挙げる。
1585（天正13）年	30歳	紀州征伐に従軍し、1万石の大名になる。
1587（天正15）年	32歳	九州攻めに従軍して武功を挙げる。
1591（天正19）年	36歳	秀長が亡くなり、秀保に仕える。
1592（文禄　1）年	37歳	文禄の役で朝鮮に参陣する。
1595（文禄　4）年	40歳	秀保の死によって高野山で出家する。その後、秀吉の命で還俗して宇和島7万石の大名となる。
1597（慶長　2）年	42歳	慶長の役で再び朝鮮へ。
1598（慶長　3）年	43歳	徳川家康に接近する。
1600（慶長　5）年	45歳	東軍で関ヶ原の戦いで武功。
1617（元和　3）年	62歳	32万石となる。
1630（寛永　7）年	75歳	江戸の藩邸で病死する。

藤堂高虎像
（三重県津市の津城祉内）

藤堂高虎と関係した主な武将たち

鈴木重意《すずきしげおき》	1511年?～1585年?	鉄砲用兵集団雑賀衆の頭目。石山本願寺では信長軍と戦う。一時、秀吉に降伏するが、雑賀衆の存在を危険視した秀吉は、高虎に謀殺を命じる。
磯野員昌《いそのかずまさ》	1523年～1590年	浅井氏、織田氏に仕える。息子の行信一族は高虎に仕えて存続させた。孫の行尚は、大坂の陣で藤堂軍に属して功績を挙げている。
徳川秀忠《とくがわひでただ》	1579年～1632年	徳川2代将軍で、律儀で人を大事にした将軍ともいわれている。高虎は、秀忠の娘、和子の天皇家入内に尽力したという話がある。

戦国豆知識

大男は名築城家になった

出生した時の高虎は、普通の赤ちゃんの2倍はあり、大人になっても6尺2～3寸で体重は30貫という大男。少年時代は、やんちゃな暴れん坊だったという。そんな高虎は、名築城家としての顔をもち、紀伊の和歌山城、山城の二条城、伏見城、伊予の宇和島城など、改修工事も含めて17の城を扱っている。城といえば加藤清正も知られているが、清正は4城、また、黒田孝高は7城、江戸城を造った太田道灌は4城で、高虎は、城の土木工事の配置図でもある縄張りを作ることや城下町の設計も行い、文禄・慶長の役では、朝鮮に倭城を築いている。

※〈江戸城〉太田道灌が1457年に築城。家康の入場は1590年。1606年に大規模増改修があり、高虎が設計にあたった。

Chapter 26

直江《なおえ》兼続《かねつぐ》

関ヶ原の戦い後、上杉家は米沢30万石に減封。そして財政難。兼続は「人こそ財産」といった。

DATA

- 1560(永禄3)年〜1619(元和5)年
- 出身地・越後国(新潟県)
- 父・樋口惣右衛門兼豊、母・直江親綱の女子(泉重歳の女子とも)
- 主君・上杉景勝
- 幼名・与六もしくは興六、元服後・樋口兼続、婿入り・直江兼続、重光
- 享年・60歳
- 戒名・達三全智居士、英貌院殿達三全智居士
- 墓所・林泉寺(山形県米沢市松岬神社)、妙心寺(京都府京都市右京区)

兜に大きく輝く「愛」の文字

「天下の政治を安心して預けられるのは、直江兼続など数人に過ぎない」と秀吉に称賛された兼続。兜には大きく「愛」という文字が輝く。この愛は、※**愛染明王**や愛宕権現信仰からきているとされる。

幼少期から聡明で、上杉景勝の母仙桃院に見込まれて景勝の近習となった兼続。執政を狩野秀春と2人で行うが、狩野が病気がちとなり、次第に上杉家家臣は、主君景勝を「御屋形」、兼続を「旦那」と敬称するようになっていった。

信長の登場により、合戦の戦い方は変化しつつあった。地方は兵士の多くが一領具足だったので、合戦が続くと農地が疲弊してくる。そこで兼続は、越後農業に光を当てるため、自らが『四季農戒書』という農業手引書を出して、新田開発や農作物の栽培奨励、産業育成などを行っている。そのひとつといえるのが「青苧《あおそ》」とよばれる衣料用繊維で、当時は木綿が普及していなかったため、それに代わるものとして、越後に繁栄をもたらしたといわれている。

関ヶ原では西軍が敗れ、その結果、上杉家は米沢30万石に減封された。人を減らさなければならない財政難の時、兼続はこう言ったとされている。

「人こそ組織の財産なり。みんな来たい者はついて来い」。兼続は米沢城下の大改造総監となり、松川からの堀立川開削に生活用水の確保など、治水事業を通して米沢の町づくりに功績を挙げ、景勝を支えて一生を終えた。なお、妻のお船の方との夫婦仲は、円満であったと伝えられている。

家紋 三つ盛亀甲に三つ葉
（みつもりきっこうにみつば）

直江家紋は「亀甲に花菱」なのだが、
兼続はこの紋を使用している。

直江兼続の系図

- 樋口兼豊
- 直江親綱の娘
  - 兼続 ― 景明
  - お船の方
  - 男子
  - 秀兼
  - 女子
  - 女子
  - 女子

直江兼続の略年表

西・和暦	年齢	主な出来事
1560（永禄 3）年	1歳	越後坂戸城主長尾政景の家臣樋口惣佐衛門兼豊の嫡男として生まれる。
1564（永禄 7）年	5歳	上杉家の仙桃院の仲介で上杉景勝の小姓となる。
1578（天正 6）年	19歳	上杉謙信死去で、上杉家跡継ぎ争い始まる（御館の乱）。
1581（天正 9）年	22歳	与板城主直江景綱の娘お船と結婚。直江家の婿養子となる。
1584（天正12）年	25歳	上杉家の外交、内政問題を担当するようになる。
1592（文禄 元）年	33歳	文禄の役で朝鮮に参陣する。
1598（慶長 3）年	39歳	米沢城主となり、30万石大名となる。
1600（慶長 5）年	41歳	直江状に徳川家康が激怒する。長谷堂の戦い。
1601（慶長 6）年	42歳	上杉景勝と共に上洛。家康に謝罪のため謁見する。
1619（元和 5）年	60歳	江戸の藩邸で亡くなる。

直江兼続 肖像（個人所蔵）
展示：長岡市与板歴史民族資料館

与板歴史民族資料館（新潟県長岡市）前に立つ直江兼続銅像
（茂木弘次 作）提供：長岡市与板歴史民族資料館

複製品 金小札浅葱糸威二枚胴具足
（長岡市与板歴史民族資料館所蔵）

直江兼続と関係した主な武将たち

上杉景勝《うえすぎかげかつ》	1555年～1623年	越後坂戸城主長尾政景の次男で謙信の養子となる。御館の乱を経て家督を相続。その後豊臣5大老に列し、関ヶ原の戦い後は米沢30万石に転封を命じられた。
狩野秀治《かりのひではる》	不 詳	御館の乱以降、景勝のもとに仕え、内政外交全般の取り次ぎ役として貢献する。兼続との二頭執政体制をとるが、病気で退く。
藤田信吉《ふじたのぶよし》	1559年～1616年	上杉家家臣。関ヶ原の戦いで、徳川との調停工作で、信吉と兼続は意見が分かれる。信吉は上杉を出奔し仏門へ。その後、家康に召抱えられるが、大坂の陣で失態し、改易される。

戦国豆知識

謙信の後継者を決める御館の乱

1578（天正6）年、上杉謙信が跡継ぎを決めずに突然死んだ。謙信には実子がなく、4人の養子がいた。その2人による後継者争いを御館の乱とよぶ。上杉景勝は春日山城に入り金蔵、兵器蔵を接収。この策は兼続ともいわれる。一方の上杉景虎は御館に入る。以後、両者と両者を取り巻く武将の戦いがあり、武田勝頼、北条氏政がつき、蘆名氏も様子をみるなど、越後は動乱の様子を呈してきたが、1年後に景勝が御館を攻略。景虎は兄のいる小田原へ逃走するが、裏切りにあい自害。景勝が家督を継ぐことで、上杉家の後継者問題はおさまった。

※〈愛染明王〉仏教の信仰対象で、「煩悩と愛欲は人間の本能。むしろ本能を向上心に変換して仏道を歩ませる」と功徳する。

Chapter 27

北条早雲《ほうじょうそううん》

戦国時代の幕を開けたといわれる早雲は、今川氏の相続問題を解決したことで城が与えられ、ここから早雲の快進撃がはじまる。

DATA

- ●1456（康正2）年～1519（永正16）年 ※1432（永享4）年誕生説あり
- ●出身地・備中国（岡山県）
- ●父・伊勢盛定、母・伊勢貞国の娘
- ●通称・伊勢新九郎長氏、伊勢宗瑞（盛時）ともよばれる
- ●主君・足利義政→足利義尚→足利義視→足利義澄→今川氏親
- ●享年・64歳 ※88歳説あり
- ●戒名・早雲寺殿天岳宗瑞
- ●墓所・金剛峯寺（和歌山県伊都郡高野町）、早雲寺（神奈川県足柄下郡箱根町）

減税や検地を行った 最初の戦国大名

早雲が、伊勢の姓を北条姓に変えたのは、鎌倉幕府の執権だった北条氏にあやかったとされ、早雲からの北条氏は、後北条氏、小田原北条氏とよばれる。

1476（文明8）年、妹（姉という説あり）の北川殿が輿入れしていた駿府の今川氏で、第6代当主義忠が何者かに殺害され、家督継承をめぐってお家騒動が起きた。義忠と北川殿の子である竜（龍）王丸（後の氏親）を後見人にすべく、北川殿は早雲に相談。調停役となった早雲は、竜王丸を第7代当主として、今川氏の家督を継承させるように画策した。そして、見事成功させ、その功績に対して、富士下方十二ヵ郷と興国寺城が与えられる。

伊豆・相模への進出拠点と、当主氏親の後ろ盾を得た早雲は、1493（明応2）年、今川氏の兵を借りて、伊豆の堀越御所で足利茶々丸を討ち、その後、伊豆国を占領。次に小田原城をも攻略して深根城を制圧し、この時は情け容赦なく女・子ども・僧など、死者の首を城の周囲に晒したという。

躍進を続けながらも、領民に対しては税制改革を行い、「五公五民」を「四公六民」に減税し、戦国大名としては最初に、小田原城周辺の検地も行っている。また、後継者や家臣に対しては、自らの生活信条を記した「**早雲寺殿二十一箇条**※」という家訓を残している。「仏神を信じて早寝早起きをし、書物を読み、すべての人々に対して一言半句たりとも嘘をついてはならない」などと記している。こうして北条氏は、5代・100年と受け継がれていった。

家紋 三つ鱗（みつうろこ）

早雲は、鎌倉幕府の北条氏の姓と、
三つ鱗という家紋の
両方を使用した。

北条早雲の系図

- 伊勢盛定 ― 伊勢貞国の娘
  - 早雲 ― 南陽院
    - 氏綱 ※北条氏に改名
    - 氏時
  - 北川殿 ― 今川義忠

北条早雲の略年表

西・和暦	年齢	主な出来事
1456(康生 2)年	1歳	伊勢盛定を父として備中国に生まれる。※1432年説もある。
1481(文明13)年	26歳	この頃、伊勢新九郎盛時と名乗っていた。
1483(文明15)年	28歳	将軍足利義尚の申次衆に任命される。
1987(長享 1)年	32歳	義尚の奉公衆となる。この頃、幕府奉公衆小笠原政清の娘と結婚する。
1494(明応 3)年	39歳	今川氏の武将として遠江へ侵攻する。
1495(明応 4)年	40歳	この頃、早雲庵宗瑞と名乗っている。大森氏の小田原城攻めを行う。
1498(明応 7)年	43歳	茶々丸を捕らえて殺害する。
1501(文亀 元)年	46歳	三河侵攻で松平長親（徳川家康の祖父）と戦い、敗北する。
1506(永正 3)年	51歳	相模検地を行う。
1516(永正13)年	61歳	三浦氏を滅ぼして相模全土を平定する。
1518(永正15)年	63歳	家督を嫡男氏綱に譲って隠居をする。
1519(永正16)年	64歳	病気で亡くなる。

北条早雲 肖像

小田原城煌興天守
日本100名城のひとつ

北条早雲と関係した主な武将たち

石巻家貞《いしまきいえさだ》	不　詳	北条家の家臣として、早雲のひ孫の代まで4代にわたって北条宗家に仕えた。後に、家種と名を改める。
足利政氏《あしかがまさうじ》	1466年～1531年 ※1462年説もある	1504年に武蔵立河原合戦で、早雲･今川氏親と戦う。
大森藤頼《おおもりふじより》	不　詳～1503年? ※1498年説もある	早雲に小田原城を攻略され、早雲の小田原平定のはじまりとなった。北条勢に攻められて一族は滅亡する。

戦国豆知識

早雲の意思を継いだ2代目―北条氏綱

早雲から家督を受け継いだ氏綱は、奉行所や評定衆などの内部組織を整備し、拠点を韮山城から小田原城に移す。そして、上杉氏、足利氏、里見氏と戦いを繰り返し、領国を拡大。あわせて、関東要地の城とされていた江戸城、岩槻城、河越城などを奪取して、ついに、父早雲が念願だった関東平野中心部への進出を果たした。また、鎌倉鶴岡八幡宮を約10年かけて再興。よそ者扱いされていた北条氏が、関東覇者となったことを内外に示した。その後、3代目の氏康は、上杉・足利軍を関東から撤退させ、北条氏をさらに飛躍させていく。

※〈早雲寺殿二十一箇条〉主に主君への奉公や生活心得などが書かれている。ただし、近年、早雲が書いたか否かについて疑問点あり。

Chapter 28

細《ほそ》川《かわ》藤《ふじ》孝《たか》

永禄の役では一乗院覚慶（後に義昭）を救出し、その後は信長を頼って上洛させ、第15代将軍足利義昭を誕生させる。

DATA

- 1534（天文3）年～1610（慶長15）年
- 出身地・山城国（京都府）
- 父・三淵晴員、母・清原宣賢の娘・智慶院
- 幼名・萬吉、通称・与一郎、出家後・幽斎玄旨
- 主君・足利義輝→足利義昭→織田信長→豊臣秀吉
- 享年・77歳
- 戒名・泰勝院殿前兵部徹宗玄旨幽斎大居士
- 墓所・南禅寺（京都府京都市）、泰勝寺跡（熊本県熊本市立田公園）

経済苦でも読書を続けた藤孝

幕臣として足利将軍に仕えていた三淵晴員の子藤孝は、その後、細川元常の養子となり、第13代将軍足利義輝に仕えるようになる。

1565（永禄8）年、将軍義輝が、三好三人衆や松永久秀らによって暗殺されるという永禄の変が勃発。その時、21歳だった藤孝は素早い行動をとる。それは、奈良で仏門に入っていた義昭（一乗院覚慶）を救出し、一旦、近江の朽木谷に逃がしたのだ。そして、越後の朝倉義景、近江の六角義賢などを頼り、義昭の将軍任官に奔走するようになる。このころの藤孝の様子が逸話として残されている。

藤孝の母は、当時、著名な儒学・国学者でもあった※**清原宣賢**《きよはらのぶかた》の娘だった。そのためか、藤孝も学問好きで、日夜問わず、時間があると読書に励んでいた。けれど朽木谷での生活は、隠れ棲んでいるため経済苦。だから灯りの油も買えず、夜、読書をするために、近くの神社の常夜灯に使用していた油を盗んだこともあったという。

義昭の将軍任官に奔走する藤孝は、明智光秀によって信長と会い、信長の後押しで義昭の上洛を果たすこととなる。その後、義昭が信長によって京を追放されると、信長のもとに仕え、本能寺の変を前後して、長男忠興に家督を譲る。そして自ら剃髪して幽斎玄旨と号し、田辺城で隠居の身となった。

晩年の藤孝は、関ヶ原の戦いで息子の忠興が東軍につき、豊前小倉藩39万9千石を得て安心したのか、悠々自適な生活のなか、京都の自邸で人生を終えた。

家紋 丸に二引両（まるににひきりょう）

「五三桐」を使用したりもしているが、
細川家としては
「丸に二引両」を使用している

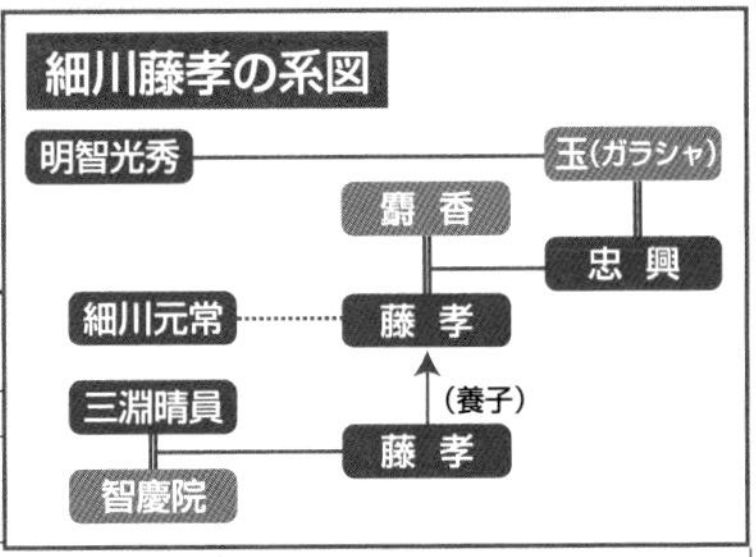

細川藤孝の略年表

西・和暦	年齢	主な出来事
1534（天文 3）年	1歳	三淵晴員の次男として京都東山に生まれる。
1540（天文 9）年	7歳	叔父の細川元常の養子になる。
1546（天文15）年	13歳	将軍足利義藤（後の義輝）に仕え、藤孝と名乗る。
1552（天文21）年	19歳	従五位下兵部大輔となる。
1554（天文23）年	21歳	元常の死去によって細川の家督を継ぐ。
1565（永禄 8）年	32歳	永禄の変が起き、義輝の弟（後に義昭）を救出して逃がす。
1573（天正 元）年	40歳	信長から長岡一帯を与えられ、長岡藤孝と改める。黒井城の戦いは、光秀の与力のもとで勝利する。
1574（天正 2）年	41歳	各地で起こる一揆をおさえるため転戦する。
1580（天正 8）年	47歳	丹後国へ侵攻するが、守護一色氏に反撃されて敗退する。
1582（天正10）年	49歳	本能寺の変では光秀の誘いを断り、剃髪して幽斎玄旨となる。嫡男忠興に家督を譲り、田辺城で隠居生活。
1585（天正13）年	52歳	紀州征伐に参陣する。
1587（天正15）年	54歳	九州征伐に参陣する。
1598（慶長 3）年	65歳	秀吉亡き後、家康に接触する。
1600（慶長 5）年	67歳	関ヶ原の戦いは東軍を応援し、田辺城で籠城する。
1610（慶長15）年	77歳	京都の自邸で亡くなる。

細川藤孝 肖像

細川藤孝と関係した主な武将たち

足利義昭《あしかがよしあき》	1537年～1597年	永禄の変では、藤孝によって仏門にいた奈良のお寺を脱出。後に室町幕府第15代将軍となる。
塚原卜伝《つかはらぼくでん》	1489年～1571年	鹿島神宮の神官卜部家に生まれる。剣術に長け、藤孝は弟子のひとりで、他に北畠具教などがいる。
明智光秀《あけちみつひで》	1528年～1582年	朝倉義景のもとにいたことで藤孝と知り合い、足利義昭を信長に紹介する。その後、光秀も信長に仕える。
新納忠元《にいろただもと》	1526年～1611年	島津氏家臣で、鬼武蔵とよばれる武人派。けれど、藤孝と和歌で掛け合いをするほど、教養の深さを持ち合わせてもいる。

戦国豆知識

本能寺の変と藤孝

信長のすすめで、藤孝の長男忠興が、明智光秀の娘玉（または玉子）と結婚することになった。1578（天正6）年のことである。4年後、本能寺の変が起きる。当然、光秀からは、義父に対して加担の要請が送られる。けれど藤孝は信長に仕えている身。矢は放てない。そこで藤孝の決心は、家督を忠興に譲り、自らは剃髪して幽斎玄旨と号し、隠居の身となることだった。その後、藤孝は秀吉に召抱えられ、忠興は、関ヶ原の戦い後、小倉藩約40万石の殿様になったが、妻のガラシャは亡くなっていた。なお、元総理大臣細川護熙氏はこの末裔にあたる。

※〈清原宣賢〉室町・戦国時代の公卿・学者で、宮中に仕えて講義をしたり、著作なども行っていた。後に学者に専念している。

Chapter 29

前田《まえだ》慶次《けいじ》

景勝のもとに登城した慶次は、土大根を盆にのせて差し出した。そこには、高齢になった武将が到達した深い意味があった。

DATA

- 1533(天文2)年～1612(慶長17)年 ※出生年は諸説ある
- 出身地・尾張国(愛知県)
- 父・滝川益氏(滝川一益の従兄弟)、母・前田家の女性
- 通称・宗兵衛、後に慶次、慶次郎。他に利太、利貞などいくつかの名前がある
- 主君・前田利家→上杉景勝
- 供養塔・松心山善光寺(米沢市万世町堂森)

束縛されずに生きようとした快男児

慶次の母が前田利家の長兄利久と再婚したことで、慶次は利久の養子となり、前田姓を名のる。義父の利久は慶次と姪を結婚させ、前田家を継がせようと考えたが、跡継ぎは直系の利家に決まった。その後、明智光秀に信長が討たれ、秀吉が利家を重用すると、利久、慶次親子に石高が与えられ、慶次は、5千石で越中水郡の阿尾城代に任命された。そして、佐々成政と利家の末森城の戦いをはじめ、いくつかの合戦に、前田家の一員として参陣している。

そうした時に利久が亡くなった。慶次は利家のもとを去り、京都へ向かう。文人たちや諸大名との交流を深め、直江兼続とも知り合った。

1600(慶長5)年、長谷堂城の戦いで、慶次は得意の槍をふりかざし、兼続率いる上杉軍の一員として戦場にいた。その時兼続は、いかに3万余りの大軍を無難に引き上げるかを苦心していた。「拙者に殿を任せて早々に立ち退かれよ」。慶次は叫ぶやいなや、朱柄の大槍を阿修羅の形相でふり回し、敵をふりはらって見事に大役を務め終えた。

武勇伝が伝わり、慶次を召抱えたいという話もあったが、慶次は再び上杉家への仕官を申し出る。今度は120万石から30万石に減封された。「石高など問わないから自由にさせてほしい」と伝え、慶次は**26日間**※かけて会津へ向かう。

初めて景勝にあった時、慶次は3本の土大根を盆にのせて献上した。見かけはむさ苦しいが、自分は味のある人間なのだ。そんな意味が込められていた。

家紋 **木瓜（もっこう）**

信長の木瓜より花びらが1枚少ない木瓜紋。
滝川一益も使用していることから、
慶次は滝川一族といえる。

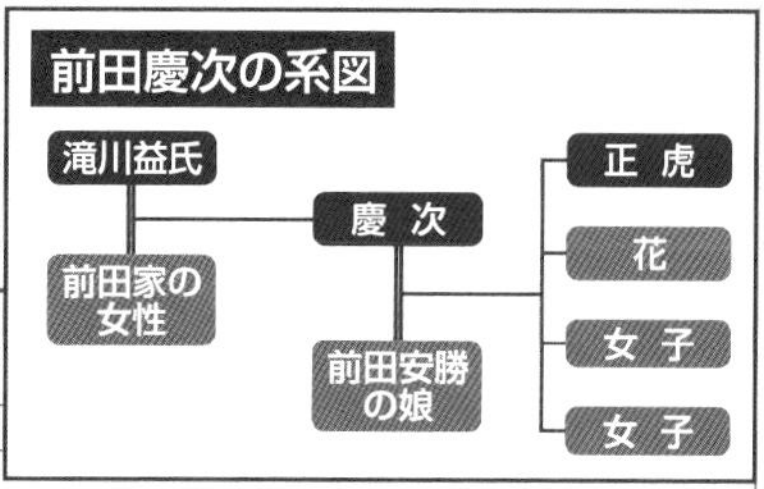

前田慶次の略年表

西・和暦	年齢	主な出来事
—	—	出生年、幼少時は不明。 母が前田利久と再婚。前田家の養子となる。 ※1533年、1541年など諸説あり。
1567（文禄10）年	—	前田利家が尾張荒子を継いだので、義父（利久）と荒子城を出る。 その後は不明。
1581（天正 9）年	—	この頃から義父と共に利家に仕える。
1584（天正12）年	—	利家と共に末森城の戦いに参戦する。
1587（天正15）年	—	義父が亡くなる。
1590（天正18）年	—	利家軍として小田原城攻めに参戦する。 その後、前田家を去り、京都にいたとの説あり。
1598（慶長 3）年	—	上杉家に仕官する。
1600（慶長 5）年	—	上杉軍として長谷堂の戦いに参戦する。
1612（慶長17）年	—	関ヶ原の戦い後、上杉家は米沢藩30万石に減封される。慶次は和歌、茶などを楽しみ、人生を終える。 ※1605年説もある。

前田慶次所用の胴丸具足
（宮坂考古館所蔵）

前田慶次と関係した主な武将たち

豊臣秀吉《とよとみひでよし》	1537年～1598年	慶次は、髷の一部を変えて秀吉に謁見。「戦国一のかぶき者」と称され、馬一頭を与えられたという逸話が残っている。
上杉景勝《うえすぎかげかつ》	1555年～1623年	仕官した慶次が登城したおり、「手みやげ」に、とお盆にのった3本の大根を出されたという。
直江兼続《なおえかねつぐ》	1560年～1619年	景勝を支えた上杉家の重鎮。慶次が上杉家に仕える橋渡しとなった。
前田利家《まえだとしいえ》	1538年～1599年	浪人していた利久、慶次親子に仕官の道を差しのべた。

戦国豆知識

慶次は文武に優れた武将

秀吉は慶次と会って「戦国一のかぶき者」と称した。利家を水風呂に入れた後、馬に乗って飛び出した。という逸話をもつ慶次。けれど実際の慶次は、槍の名手として武勇に長け、『源氏物語』や『伊勢物語』などを学び、和歌、能楽、茶道にも通じていたともいわれている。また、仕官先の米沢では、堂森に「無苦庵」と称した空間を作り、自然と交わりながら穏やかな時間を楽しみ、兼続とは酒などを酌み交わしていたとも伝えられる。また、慶次が彫ったと思われる能面なども残されていて、慶次には、文武に優れた武将の姿が垣間見える。

※〈26日間〉慶次は、京都から米沢へ向かう道すがら、自らの心境について『前田慶次道中日記』として残している。

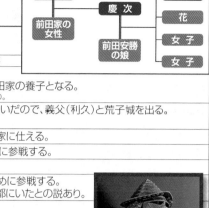

Chapter 30

前田利家《まえだとしいえ》

秀吉亡き後、豊臣政権の支え役だった利家がこの世を逝った瞬間、家康が、天下取りに向かって動きはじめる。

DATA

- ●1538（天文7）年～1599（慶長4）年
- ※1537（天文6）年説もある
- ●出身地・尾張国（愛知県）
- ●父・前田利春（利昌という説もあり）、母・長齢院
- ●幼名・犬千代、通称・又左衛門、又左、又四郎など
- ●主君・織田信長→織田信秀→豊臣秀吉→豊臣秀頼
- ●享年・62歳
- ●戒名・高徳院桃雲浄見大居士
- ●墓所・野田山墓地（石川県金沢市）、宝円寺（石川県金沢市）

時代をよんだかぶき者は、秀吉を選んだ

荒子城主前田利春の4男として生まれた利家は、細身で、背丈が180㎝の長身だったという。14歳の時に信長の小姓として召抱えられ、初陣となった萱津の戦いでは首級を挙げている。短気で、槍が得意で喧嘩好き。若い時は「槍の又左」と渾名され、※**かぶき者**とよばれていた。

ある日利家は、信長に仕える茶ぼうずを斬ってしまった。性格の悪い茶ぼうずだったので、信長のためを思ったのだが、逆に信長の怒りを買い、成敗されそうになった。その時、柴田勝家などの仲介があり、利家は死を免れて追放となった。けれど、信長の許しを得ずに、桶狭間や森部の戦いでは知人の陣を借りて勝手に参戦。活躍が評価されて再び信長のもとに仕えることになり、赤母衣衆《あかほろしゅう》のひとりに加えられた。また、賤ヶ岳の戦いでは、若いころからの秀吉との友情と、上司の勝家への恩義に悩むが、結果は秀吉側についた。

秀吉亡き後は、周囲から利家の時代ともいわれていたが、利家は大坂城で政権のまとめ役として秀頼を補佐し、家康を牽制していた。けれど2ヵ月後にこの世を去ってしまった。

知略と勇ましさをもった武将として、豊臣5大老のひとりとなるまでに出世を続けた利家。そこには、賢さと度胸を併せ持ち、夫を激励しながら前田家温存を願う妻の松がいた。12歳で利家の妻となり、2男9女をもうけて、徳川時代には、自らが人質となって家康のもとに赴いている。

家紋 加賀梅鉢（かがうめばち）

秀吉から家紋を授けられたが、
前田宗家は
加賀梅鉢紋にこだわった。

前田利家の系図

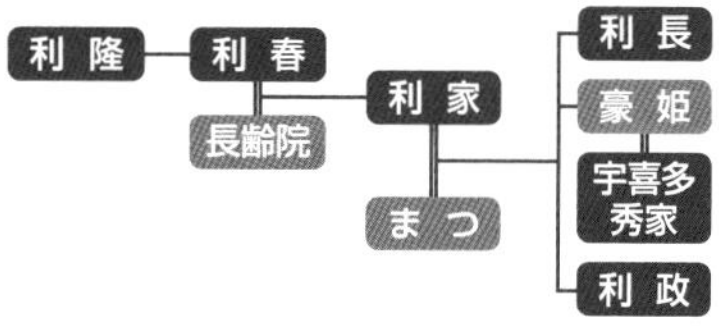

前田利家の略年表

西・和暦	年齢	主な出来事
1538(天文 7)年	1歳	土豪、荒子前田家当主の利春の4男として生まれ、14歳の頃から小姓として織田信長に仕える。
1552(天文21)年	15歳	萱津の戦いで初陣する。元服後は前田又左衛門利家と名乗る。
1558(永禄 元)年	21歳	従姉妹のまつと結婚する。浮野の戦いに参戦する。
1559(永禄 2)年	22歳	茶ぼうず事件で織田家を追放されて浪人となる。
1560(永禄 3)年	23歳	信長に無断で勝手に桶狭間の戦いに参戦する。
1561(永禄 4)年	24歳	信長に許されて、再び信長に仕える。
1569(永禄12)年	32歳	前田家の家督を継ぎ、当主となる。
1570(元亀 元)年	33歳	織田･徳川連合軍として姉川の戦いに参陣する。
1575(天正 3)年	38歳	長篠の戦いに参陣する。
1583(天正11)年	46歳	柴田勝家側で賤ヶ岳の戦いに参陣するが、羽柴(後の豊臣)秀吉に降伏する。居城を加賀･金沢城に移す。
1590(天正18)年	53歳	小田原城攻めに参陣する。
1592(文禄 元)年	55歳	文禄の役では、徳川家康と名古屋城で秀吉の補佐をする。
1598(慶長 3)年	61歳	体調を崩す。
1599(慶長 4)年	62歳	豊臣秀頼の補佐で大坂へ向かい、大坂で病死する。

前田利家騎馬隊像
（名古屋市中川区吉良町「荒古駅前」）

前田利家と関係した主な武将たち

佐々成政《さつさなりまさ》	1536年～1588年 ※諸説あり	織田家の家臣で黒母衣衆（くろほろしゅう）のひとり。利家、不破光治と府中3人衆とよばれた。
森可成《もりよしなり》	1523年～1570年	信長の家臣で槍の名人。利家に武功の立て方を教えたといわれている。森蘭丸の父。
長連龍《ちょうつらたつ》	1546年～1619年	利家が能登の領主となった時に与力として仕え、後に加賀の重臣となった。
柴田勝家《しばたかついえ》	不　詳～1583年	利家は、勝家をおやじ様とよび、したっていた。また秀吉とも親密だった。賤ヶ岳の戦いはその2人が戦う。両者の間で悩んだが利家は勝家を裏切る結果となる。

戦国豆知識

算盤持参で合戦に出たといわれる利家

「大将は、本陣で采配をふるうのではなく、自らが率先して戦場に出て敵を討たなければならない」と、娘婿の宇喜多秀家に語っているように、利家は幾多の合戦で、敵方の首級を数多く挙げている武将のひとりだ。そんな利家だが、合戦には必ず算盤を持ち歩き、数理に関しての明るさは、ほかの武将を超えていたという。そうした経世術が、能登各地の開墾事業の促進、魚類売買の独占権を生み出し、また、金山を開いて金沢藩の財政安定を図るなど、加賀百万石の礎を築いた。利家は、ソフトとハードの両面を持った戦国武将といえるかもしれない。

※〈かぶき者〉人並みはずれた華美な風体をしたり、奇抜な言動をする者のことをいう。

Chapter 31

村《む》上《ら》武《か》吉《み》

武吉は、村上水軍という瀬戸内海の海賊衆の将として、海の勢力圏を支配していた。

水軍の兵法書『軍船巻第一』を著す

幼いころに武吉の家督継承に際して騒動（能島の内乱）が起きたため、身の危険を感じた武吉は難を避けて一時因島に逃れる。その後再び能島に戻り、叔父の隆重などの支援を受けて、能島宗家を相続することになった。そして能島、因島、来島などの村上3家をまとめ、能島城、来島城などを築き、**関船**※を使用して、瀬戸内海を通行する船から帆別銭（通行税のようなもの）を徴収。莫大な収入を得るとともに、武吉は瀬戸内海の海賊大将として、勢力圏を手にしていった。

1555（天文24）年、瀬戸内海で、毛利元就と陶晴賢による厳島の戦いが起こった。両者から援軍要請を受けていた武吉は、思案した結果、毛利軍につくこととなる。この時、「1日だけ兵船を貸して味方になってほしい」という元就の言葉が、武吉の決心を促したと伝えられている。

武吉は1583（天正11）年、水軍の兵法書ともいえる『軍船巻第一』を著し、「大将たる人は道を正しく行うべし」と、後継者となるであろう元吉、景親に伝えている。また、このなかには、次のようなことも書かれている。「人は生きるも死ぬも、よって立つ所をよくわきまえなければならない。海にも岩礁があり、潮の速い瀬戸があり、海中にも山や川がある。これを知り尽くし、使いこなすことができてこそ、より良く生き、そして死ぬことである」。

毛利家が秀吉の配下になることを不服とした武吉は、大名より水軍の将にこだわろうとしていた。

DATA

- 不詳～1604（慶長9）年
  ※1526（大永6）年説、1533（天文2）年説がある
- 出身地・瀬戸内海能島
- 父・村上義忠、母・平岡左近将監の娘
- 別名・武慶
- 主君・毛利元就→毛利隆元→毛利輝元→小早川隆景→毛利輝元
- 戒名・大仙寺覚甫元正
- 墓所・山口県大島郡周防大島町

家紋 丸に上の字（まるにうえにじ）

武吉は
能島家なので
この家紋を使用している。

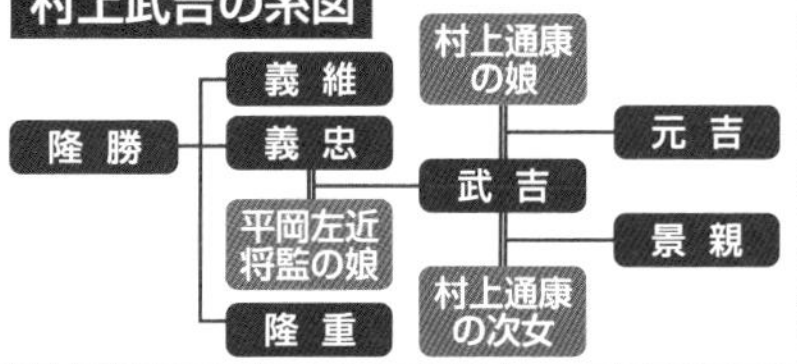

村上武吉の略年表

西・和暦	年齢	主な出来事
—	—	伊予国能島村上水軍の大将村上義忠の子として生まれる。 ※出生年は不明。
1555（天文24）年	—	毛利元就と陶晴賢の厳島の戦いでは毛利に加担する。
1571（元亀 元）年	—	反毛利の姿勢をとるが徐々に関係修復していく。
1578（天正 6）年	—	第2次木津川の戦いでは織田信長に惨敗する。
1588（天正16）年	—	海賊禁止令に従わず、豊臣政権から詰問される。嫡男元吉が弁明で上洛する。
1600（慶長 5）年	—	関ヶ原の戦いでは毛利に加担して西軍につく。元吉が戦死する。その後、徳川幕府の制海権掌握で村上水軍は壊滅する。
1604（慶長 9）年	—	亡くなる。

能島城跡（正面頂部が本丸跡）
提供：さかおり

村上水軍博物館前の村上武吉公像
（広島県尾道市）

村上武吉と関係した主な武将たち

村上隆重《むらかみたかしげ》	不詳	村上水軍の能島村上氏の一族として、家督相続争いでは武吉を支援した。武吉は甥にあたる。
毛利元就《もうりもとなり》	1497年～1571年	毛利家を中国地方の大大名に育て上げた。厳島の戦いでは、武吉に援軍を依頼する。
九鬼嘉隆《くきよしたか》	1542年～1600年	九鬼水軍の大将。武吉とは第1次、第2次木津川の戦いで戦う。信長は九鬼に大船を造らせて織田水軍とした。
小早川隆景《こばやかわたかかげ》	1533年～1597年	毛利元就の3男。厳島の戦いでは武吉とともに水軍で活躍した。秀吉は武吉の首を要求したことがあり、隆景はそれをかばっている。

戦国豆知識

瀬戸内海に君臨した村上水軍

海賊衆として、瀬戸内海の能島、因島、来島の3島に分派し、戦国時代は海上運営に君臨していた。その本家が能島村上氏で、武吉は継承者となる。水軍は海賊といえど、他船の海上運航を妨げる横暴な行為はなく、むしろ瀬戸内海を利用する廻船と契約を結び、健全経営を行っていた。また、連歌なども残されていて、強い文化意識もあったと思われる。なお、来島村上氏は秀吉について独立大名となり、能島村上氏は小早川家、因島村上氏は毛利家の家臣となるが、海賊禁止令が出されると、本来の営業活動ができなくなり、村上水軍は変貌していく。

※〈関船〉戦国から江戸時代にかけての軍用船。当時は、安宅船、小早もあり、攻撃力、機動力、速力などは中間といえる。

Chapter 32

毛利元就《もうりもとなり》

安芸の小規模国人領主だった毛利家は、元就の3本の矢によって、ついに中国を統一する大大名となる。

DATA

- 1497（明応6）年〜1571（元亀2）年
- 出身地・安芸国（広島県）
- 父・毛利弘元、母・福原広俊の娘
- 幼名・松寿丸、通称・少輔次郎、渾名・乞食若殿
- 主君・尼子経久→大内義隆
- 享年・75歳
- 戒名・洞春寺殿日頼洞春大居士
- 墓所・大通院（広島県安芸高田市）

瀬戸内海の村上水軍を味方にする

1本の矢は簡単に折れるけど、3本になるとなかなか折れない。「3本の矢」の逸話で知られる元就は、毛利家を中国地方に名だたる大名に育てあげた。

家督相続は、次男だったため権利はなかったが、兄興元が亡くなり、幼い幸松丸が跡を継いだことで、叔父の元就は後見人となった。その後、元就27歳の時、今度は幸松丸が亡くなり、異母弟との間に家督問題が生じるが、上手く収めた元就は、毛利の家督を継いだ。

このころの中国地方は、大内氏、尼子氏による2大勢力がしのぎを削り、安芸国の国人領主に過ぎない毛利は、尼子氏についたり大内氏についたりしていた。そこで元就は、吉川氏、小早川氏に我が子を養子に送りこみ、婚姻関係を結んで友好関係を深め、結束力を強めていった。それが、後に**「毛利両川」**※という、いわば「3本の矢」のようなものである。

1555（天文24）年、大内義隆を討って周防・長門を中心に領土を拡大していた陶晴賢に、元就は戦いを挑んだ。厳島の戦いである。それはまさに小が大を喰うというもので、戦いは瀬戸内海の制海権を握っている村上水軍を援軍に得て、元就の勝利に終わった。晴賢は自害し、周防・長門が元就の手に。そして11年後、出雲の尼子氏が降伏して、元就はついに中国地方全土を手中に収める大大名となった。けれど、元就の孫にあたる輝元が、関ヶ原の戦いで西軍の総大将に祭り上げられ、その結果、江戸時代には領土を大きく失ってしまうことになる。

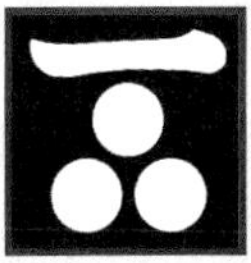

家紋 一文字三星（いちもんじさんせい）

三星というのは、
中国では将軍の星という意味があり、
毛利は縁起を担いで使用している。

毛利元就の系図

弘元 ― 福原広俊の娘
子：興元、元就
元就 ― 妙玖
子：隆元、吉川元春、小早川隆景

毛利元就の略年表

西・和暦	年齢	主な出来事
1497(明応 6)年	1歳	安芸の国人、毛利弘元の次男として生まれる。
1500(明応 9)年	4歳	父が家督を嫡男に譲って隠居。多治見猿掛城へ移る。
1501(文亀 元)年	5歳	母が無くなる。
1506(永正 3)年	10歳	父が亡くなり、多治見猿掛城を譲り受ける。
1511(永正 8)年	15歳	元服して多治見元就となる。
1516(永正13)年	20歳	兄の興元急死。嫡男幸松丸が家督相続し、元就は後見人となる。
1517(永正14)年	21歳	武田元繁の有田城侵攻で初陣する。
1523(大永 3)年	27歳	9歳の幸松丸が亡くなり、家督を相続する。
1525(大永 5)年	29歳	尼子氏と絶縁して大内義興の傘下になる。
1529(享禄 2)年	31歳	尼子氏に通じていた高橋一族を討伐し、安芸などの領土を手に入れる。
1542(天文11)年	46歳	この年から翌年にかけて、大内義隆を総大将とした第1次月山富田城の戦いに従軍する。
1546(天文15)年	50歳	家督を嫡男隆元に譲る。
1554(天文23)年	58歳	陶晴賢との関係を絶つ。
1555(天文24)年	59歳	厳島の戦いに勝利する。
1561(永禄 4)年	65歳	大友軍に勝って豊前一国を得る。
1563(永禄 6)年	67歳	毛利家と大友家の講和成立。
1571(元亀 2)年	75歳	郡山城で病気のため亡くなる。

毛利元就 肖像

毛利元就と関係した主な武将たち

陶晴賢《すえはるかた》	1521年～1555年	大内義隆の重鎮だったが、その後、義隆を自害させて長門を支配する。けれど厳島の戦いで元就に破れ自刃する。
立花道雪《たちばなどうせつ》	1513年～1585年	中国地方の覇者となった元就は、九州に侵略するが、道雪によって敗北する。立花宗茂の義父。
福原貞俊《ふくはらさだとし》	不詳	優れた人物として評価が高く、元就も信頼していた小早川隆景を助けて、毛利家の発展に尽くした。
児玉就忠《こだまなりただ》	1506年～1562年	行政面に力を発揮し、側近として元就を支え、家督を継いだ隆元も補佐した毛利家の重鎮。

戦国豆知識

元就の3本の矢

元就の逸話として伝えられている「3本の矢」。1本ではすぐ折れる矢も、3本になれば簡単に折れるものではない。だから、毛利家のために兄弟3人が力を合わせるように、元就は3人の息子、隆元、元春、隆景をよんで、そう教えた。そのことが実証されるかのように、安芸の国人領主元就は、隆元に毛利の家督を譲り、元春を石見の吉川家へ、隆景を備前、備中、備後の守護だった小早川家へ、それぞれ養子に出して結束力を強めた。そして、安芸国を強め、周辺を固め、ついには厳島の戦いで長門の陶家を破り、中国統一の第一歩を記すこととなった。

※〈毛利両川〉次男が養子にいった先の吉川家の「川」、3男が養子にいった先の小早川家の「川」を合わせて、毛利両川といった。

応仁の乱 1467年
鉄砲伝来 1543年
桶狭間の戦い 1560年
本能寺の変 1582年
関ヶ原の戦い 1600年
大坂夏の陣 1615年

Chapter 33

龍造寺隆信《りゅうぞうじたかのぶ》

勇猛果敢に領土を拡大し、ついに肥前を統一した隆信。肥前の熊という渾名をもちながら、その最期は呆気なかった。

DATA

- 1529（享禄2）年〜1584（天正12）年
- 出身地・肥前国（佐賀県）
- 父・龍造寺周家、母・慶誾尼
- 幼名・長法師丸、その後は円月（法名）、胤信、隆信となる
- 享年・56歳
- 戒名・龍泰寺殿泰厳宗龍大居士
- 墓所・高伝寺（佐賀県佐賀市）

曾祖父の遺言によって家督継承をめざす

1545（天文14）年、隆信の父と祖父が、主君の少弐《しょうに》氏に対する謀反の嫌疑で、重臣の馬場頼周に謀殺されてしまう。報せを聞いた曾祖父の家兼は、隆信の身を案じ、仏門に入っていた隆信を宝琳院から連れ出す。そして、筑後の柳川城主蒲池鑑盛《かまちあきもり》のもとへ身を寄せ、翌年、蒲池氏の力を借りて挙兵。馬場を討って龍造寺氏を再興するも、家兼は93歳という高齢と病が重なり死去。遺言として隆信に「還俗して水ヶ江龍造寺氏を継ぐように」と伝えた。

隆信は、曾祖父の残した遺言通りに還俗した。家督も相続し、本家当主の胤栄《たねみつ》の死後は、その未亡人を妻として、龍造寺宗家第19代当主となった。その後順調に領土を拡大。まずは東肥前の支配権を確立し、西、北、南と勢力圏を広げ、ついには大村氏、有馬氏を降ろして肥前統一を成し遂げた。

家督を譲って隠居の身になったころ、有馬氏が龍造寺氏から脱退。隆信はすぐさま鎮圧に兵を出し、有馬・島津連合軍と決戦に向かった。そして、島原半島での沖田畷の戦いにおいて、島津家家臣**川上忠堅**※に討ち取られる。それは、肥前の熊とよばれた隆信にとっては、あまりにも呆気ない幕切れだった。

隆信は勇猛果敢な武将といわれるが、晩年は酒におぼれ、肥満で馬乗も苦労し、山駕籠に乗せられて指揮を執っていたという。また、冷酷非情だったため、家臣からの人望に欠け、重臣の鍋島直茂にも冷たく接していたので、鍋島は、隆信の遺体を放置したままで、佐賀へ逃げ帰ったと伝えられている。

家紋 杏葉紋（ぎょうようもん）

もとは大友氏の紋。
隆信が大友氏に勝利後、使用するようになった。
その後、鍋島氏も使用する。

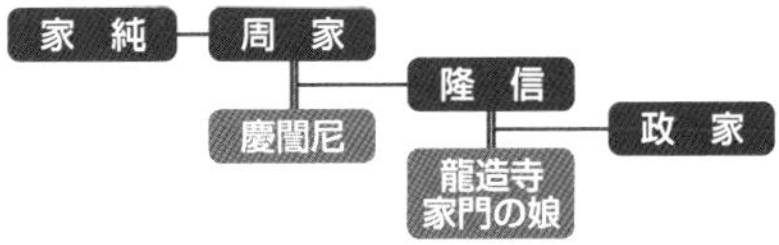

龍造寺隆信の略年表

西・和暦	年齢	主な出来事
1529（享禄 2）年	1歳	龍造寺周家の嫡男として生まれる。 幼少の頃、大叔父で宝琳院和尚豪覚に預けられ、出家して円月と号する。
1545（天文14）年	17歳	少弐氏の家臣に龍造寺家が襲われ、曾祖父家兼と共に筑後国へ逃げる。
1547（天文16）年	19歳	曾祖父の遺言で還俗し、水ヶ江龍造寺の家督を継ぐ。
1548（天文17）年	20歳	当主龍造寺胤栄が亡くなり、その未亡人と結婚して龍造寺宗家第19代当主となる。
1550（天文19）年	21歳	隆信となる。
1551（天文20）年	22歳	大内氏が倒れ、備前から筑後へ亡命して蒲池氏にかくまわれる。
1553（天文22）年	24歳	蒲池氏の援助を受けて挙兵し、肥前を奪い返す。
1559（永禄 2）年	30歳	少弐氏を滅ぼす。
1563（永禄 6）年	34歳	有馬･大村氏連合軍の東肥前侵攻に勝利する。
1570（元亀 元）年	42歳	大友軍の肥前侵攻に勝利して肥前統一を行う。
1580（天正 8）年	52歳	家督を嫡男政家に譲り、須古城で隠居する。
1584（天正12）年	56歳	沖田畷の戦い（島津･有馬連合軍と戦い）で戦死をする。

龍造寺隆信 肖像
（佐賀県立博物館所蔵）

龍造寺隆信と関係した武将たち

大村純忠《おおむらすみただ》	1533年～1587年	日本初のキリシタン大名で、キリスト教に批判的だった隆信の圧迫を受け、大村の3人の子どもは人質に取られ、沖田畷の戦いでは隆信軍に従軍させられている。
有馬晴信《ありまはるのぶ》	1567年～1612年	隆信の圧迫を受け臣従するが、島津義久と通じて沖田畷の戦いで隆信を倒す。
蒲池鑑盛《かまちあきもり》	1520年～1578年	隆信を匿って助け、援軍を出して協力もした。鑑盛がいなければ龍造寺家は滅びていたかもしれないといわれるほど、義にあつい武将だった。
少弐政興《しょうにまさのり》	1534年～不　詳	隆信に2人の実兄を殺され、少弐氏の再興を図るため、1564年隆信と戦うが敗北。夢は消え、少弐氏は滅亡していく。

戦国豆知識

4人の天正遣欧使節

隆信の勢力拡大に驚異を感じた大村純忠、有馬晴信、大友宗麟といった武将は、キリシタン大名として知られていた。そして、隆信が肥前統一後の1582（天正10）年、イエズス会宣教師の発案で、大村、有馬、大友は、名代として4人の少年使節団（天正遣欧使節）を派遣。少年たちはローマ教皇に謁見している。日本という国の存在をヨーロッパの国々に知らせ、8年後に帰国した時は、グーテンベルクの活版印刷機を持ち帰って、日本語書物の発展にもプラスとなった。けれど帰国3年前に、秀吉はバテレン追放令を出していた。

※〈川上忠堅〉父とともに島津家に仕える。隆信の首をあげた2年後、別の戦いで傷を負い、その傷が悪化して亡くなる。享年29歳。

その他の武将①

最上義光（もがみよしあき）

1546（天文15）年～1614（慶長19）年

出羽南部で活躍し、家督争いで弟の義時などを粛清して実権を握る。妹の夫でもある伊達政宗、上杉家とも激しく争う。関ヶ原の戦いでは東軍に加担し、北の関ヶ原とよばれた慶長出羽合戦で、上杉景勝の重臣直江兼続と戦う。

尼子経久（あまごつねひさ）

1458（長禄2）年～1541（天文10）年

守護代から戦国大名にのぼりつめた下克上の武将。経久は一代で、出雲、隠岐、石見、因幡など数カ国を支配下において隆盛を誇った。土豪を味方にする智力・謀略に優れ、月山富田城を京極政経から奪還している。

三好長慶（みよしながよし）

1522（大永2）年～1564（永禄7）年

細川晴元の家臣からのし上がり、また、有能な弟たちの力を借りて、信長が上洛する以前の畿内で、自らの政権を確立した。長慶が亡くなった後、松永久秀が三好一門と組んで、永禄の変を起こすことになる。

蘆名盛氏（あしなもりうじ）

1521（大永元）年～1580（天正8）年

伊達氏と婚姻関係を結び、武田氏、北条氏とは親交を結びながら、南奥羽の大勢力に育て上げた。盛氏亡き後は、南奥州進出を狙う伊達政宗と一族が合戦を行い、摺上原の戦いに敗れて、その後、蘆名氏は滅ぶこととなる。

京極高次（きょうごくたかつぐ）

1563（永禄6）年～1609（慶長14）年

幼少期には信長のもとで人質となり、本能寺の変では光秀に加担する。その後、柴田勝家につき、賤ヶ岳の戦い後は秀吉に許されて仕える。関ヶ原の戦いでは東軍として貢献する。後の若狭国小浜藩9万石を与えられた。

第二章

天下統一へ

あなた様（秀吉）が天下を取る絶好の機会ではございませぬか。
黒田孝高
貴殿（三成）は、才覚余れども、一大事のところが不足なり。
大谷吉継

Chapter 34

織田信長《おだのぶなが》①「誕生」

尾張国統一に向け、力をつけていた父が亡くなった。その後、統一へのバトンは、大うつけとよばれていた信長に渡された。

DATA

- 1534（天文3）年～1582（天正10）年
- 出身地・尾張国（愛知県）
- 父・織田信秀、母・土田政久の娘
- 幼名・吉法師、通称・三郎
- 渾名・尾張の大うつけ
- 享年・49歳
- 戒名・総見院殿贈大相国一品泰巌尊儀
- 墓所・本能寺（京都府京都市中京区）、大徳寺総見院（京都府京都市北区）、妙心寺玉鳳院（京都府京都市右京区）、阿弥陀寺（京都府京都市上京区）ほか

信友と斯波氏のトラブルをチャンスとみた信長

信長が「尾張の大うつけ」とよばれていたころの※**尾張**は、斯波義統を清洲城に住まわせ、意のままに操っていた、守護代で城主織田信友が、実権を握っていた。信長の父信秀は、そんな信友に仕えていたが、武勇と知略に優れ、美濃国の斎藤道三と戦い、今川氏からは那古野城を奪うなど、尾張統一に向けて力をつけていた。そんな父を見ながら育った信長は、嫡男だったこともあって、幼くして、父が得た那古野城の城主となっている。

父信秀が亡くなり、18歳で家督を継いだ信長。その後、尾張統一を目論む信友と、傀儡に嫌気がさした義統の間でトラブルが生じ、義統は信友に討たれてしまう。この機をチャンスとした信長は、主君を討った信友を謀反人として倒し、ついに清洲城へ入城。守護代となって、尾張統一へ向けて動きはじめる。信長22歳、大うつけの姿はどこにもなかった。

とはいえ、織田家にもお家騒動が勃発。「大うつけに織田家は守れない」と考えたグループが、弟の信行（信勝）を擁立し、稲生の戦いに発展したが、母の仲介で和解。だが翌年、信行が再び謀反を企てる。しかし信長派に転じた柴田勝家の密告で、信行は殺害され、お家騒動は幕を下ろした。

家中もまとまり、那古野城と清洲城を手にした信長は、守護職の斯波氏も追放し、天下に覇を唱える準備が整った1559（永禄2）年、信長は80名ほどの家臣を連れて上洛。将軍義輝に謁見して、尾張国統一の了解を得ることとなる。

家紋 織田木瓜（おだもっこう）

信長の父信秀が、尾張の守護から賜ったもので、滝川一益は、信長にあやかり、変形した木瓜を使用している。

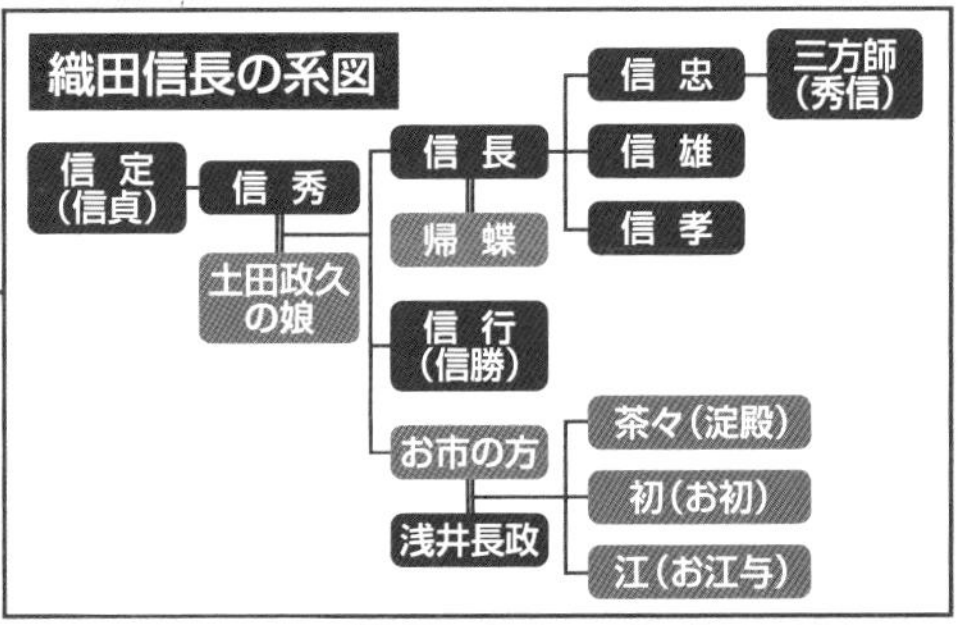

織田信長 肖像（長興寺蔵）
提供協力：豊田市郷土資料館

信長公廟（本能寺）

織田信長に叛旗を翻した主な武将たち

すべてが信長に従順だったわけではなく、あえて叛旗を翻した武将たちもいた。

松永久秀《まつながひさひで》	1508年?～1577年	足利義昭の信長包囲網に加わり、3度の裏切りでは「平蜘蛛の釜」を身体にくくり、自害したと言われている。
荒木村重《あらきむらしげ》	1535年～1586年	中国攻略時、信長に叛旗を翻して毛利と組む。一族は処刑されるが、自らは逃れて尾道で隠遁、剃髪して道薫と号する。
足利義昭《あしかがよしあき》	1537年～1597年	傀儡政権を不満とし、信長包囲網を敷くが失敗。1度目は和解、2度目は京都追放となる。その後、毛利家で再起を図るが断念し、出家する。
浅井長政《あざいながまさ》	1545年～1573年	信長の妹お市の方と結婚し、同盟を結ぶが、信長の朝倉義景攻めで裏切る。後に姉川の戦いへ発展し、小谷城の戦いでお市と自害。
明智光秀《あけちみつひで》	1528年?～1582年	信長のもとで出世頭となるが、本能寺の変で信長を討つ。秀吉による中国大返しと山崎の戦いで敗北する。

織田信長に関係した主な武将たち

村井貞勝《むらいさだかつ》	不詳～1582年	信長が足利義昭を京都追放後は、京都所司代として公家との連絡、京都の治安維持など、側近中の側近として仕事を行う。
太田牛一《おおたぎゅういち》	1527年～不詳	『信長公記』の著者。得意の弓で武功を挙げ、所轄領の内政面や年貢徴収管理なども行っている。
松井有閑《まついゆうかん》	不詳	堺の代官に任命され、町衆の茶会への出席や、自らの茶会も行う。信長主催の茶会では茶頭を務める。
森成利《もりなりとし》	1565年～1582年	蘭丸として知られている。信長の小姓で本能寺の変では2人の弟と討死。兄の森長可は、長篠の戦いなど多くの合戦に従軍している。

戦国豆知識

『信長公記《しんちょうこうき》』と『信長記』

『信長公記』は、信長が足利義昭を奉じて上洛した1568（永禄11）年から1582（天正10）年の、信長が亡くなる本能寺の変までを1年1巻とし、それに、信長上洛以前を首巻1巻にまとめた16巻構成になっている。作者は家臣の太田牛一。著述が始まったのは、秀吉の命により、1589（天正17）年ころといわれる。写本版もあり、なかでも、江戸時代の歴史作家小瀬甫庵が、多少の脚色を加えて書いたものが、当時の一般民衆の人気を得て、太田作を『信長公記』、小瀬作を『信長記』『甫庵信長記』とよんで分けている。

※〈尾張〉現在の愛知県西部。尾張上4郡支配の「織田伊勢守家」（岩倉織田氏）と尾張下4郡支配の「織田大和守家」（清洲織田氏）に分かれていた。

Chapter 35

織田信長《おだのぶなが》②「桶狭間の戦い」

わずかな兵で今川義元を討った信長には自信が芽生えた。
その自信はやがて、尾張の信長を全国の信長に変えようとする。

DATA

ルイス・フロイスが語る織田信長

- ●身長は痩躯で髭は少ない。声は高くて大きく、粗野で常に武技を好む。
- ●傲慢で名誉を尊び、自分以外の大名のほとんどを軽蔑している。
- ●神仏などの偶像を軽視し、占いは一切信じない。
- ●遠回しな言い方を嫌い、酒は飲まない。

7年かけて美濃を攻略

1560（永禄3）年、信長は桶狭間の戦いで今川義元を倒した。尾張1国と、駿河、遠江、三河3カ国の今川氏。兵力差は推して知るべし。それがわずか2千の兵士で勝ったことで、信長には自信が芽生えたと思われる。勿論、義元ひとりを討っても、周りには今川氏、六角氏に加え、強敵の武田信玄、上杉謙信がいる。4、5千人程度の兵力では、彼らが攻めてきたらひとたまりもない。尾張を守るためには攻めること。信長は美濃の斎藤攻めを決心する。兵力、経済力に加え、生前、義父の道三は、娘婿の信長に、美濃一国の譲り状を与えていた。

この大儀をもとに戦いに挑んだ信長だったが、一進一退を繰り返す。桶狭間で義元を破ったようにはいかなかった。それでも1567（永禄10）年、**稲葉山城の戦い**※で、斎藤竜興を伊勢長島に敗走させ、7年間の歳月をかけて、信長はついに美濃国を手に入れ、尾張国と合わせて2国の領主となった。

さらに自信を深めた信長は、京都を視界に入れ、全国統一を目指すために歩みはじめる。時には信長包囲網が敷かれ、一向一揆に石山合戦など、多くの戦いを繰り返す。その度ごとに領土、経済力、兵力がアップし、かつて2千人で戦った信長も、兵力差で圧倒するまでになった。秀吉をはじめ、多くの武将も育ち、信長の全国統一がそこまできた1582（天正10）年6月2日早朝、家臣の光秀の謀反で、本能寺の煙のなかに消えた。『信長公記』には、信長最後の言葉として「是非に及ばず」と記されている。

織田信長の略年表

西・和暦	年齢	主な出来事
1534(天文 3)年	1歳	那古野の小領主織田信秀の嫡男として生まれ、幼少の頃に、那古野城(後の名古屋城)城主となる。
1546(天文15)年	13歳	元服して織田三郎信長となる。
1547(天文16)年	14歳	三河の吉良大浜にて初陣する。
1548(天文17)年	15歳	父と対立していた斎藤道三と和睦が成立し、道三の娘帰蝶と政略結婚する。※1549年説あり。
1551(天文20)年	18歳	父の死により、織田家の家督を相続する。※1552年説あり。
1553(天文22)年	20歳	義父の道三と尾張の聖徳寺で会見する。
1555(弘治 元)年	22歳	織田信友を討ち、清洲城に入城する。
1556(弘治 2)年	23歳	稲生の戦いで織田信行を倒し、翌年殺害する。
1558(永禄 元)年	25歳	浮野の戦いで織田信賢に大勝する。
1559(永禄 2)年	26歳	上洛して足利義輝に謁見。岩倉城の戦いで信賢に勝利。尾張国統一。
1560(永禄 3)年	27歳	桶狭間の戦いで今川義元に勝利する。
1561(永禄 4)年	28歳	松平元康(後の徳川家康)と和睦し、翌年、清洲同盟を結ぶ。
1563(永禄 6)年	30歳	美濃を攻略するために、拠点を清洲城から小牧山城に移す。
1565(永禄 8)年	32歳	犬山城の織田信清に勝利して、尾張国を統一する。
1567(永禄10)年	34歳	稲葉山城を岐阜城と改名して居城とする。この頃から、「天下布武」印を使用し始める。
1568(永禄11)年	35歳	足利義昭を奉じて上洛する。
1569(永禄12)年	36歳	義昭を介して二条城でルイス·フロイスに会う。その後、キリスト教の普及を許可する。
1570(元亀 元)年	37歳	義昭と対立する。朝倉義景攻めで浅井長政が裏切り、姉川の戦いが起こる。石山合戦が始まる。
1571(元亀 2)年	38歳	第1次伊勢長島攻め。比叡山焼討ちを行う。
1572(元亀 3)年	39歳	義昭に17条の意見書を送る。
1573(天正 元)年	40歳	敵対していた義昭を京都から追放したことにより、室町幕府は終わる。
1579(天正 7)年	46歳	安土城天守閣が完成する。
1580(天正 8)年	47歳	本願寺と和議成立する。石山合戦が終了する。
1582(天正10)年	49歳	甲州征伐で武田勝頼に勝利。武田家滅ぶ。徳川家康を安土城に招く。明智光秀による本能寺の変で自害。

戦国豆知識

信長の妻濃姫（帰蝶）

美濃国の斎藤道三の娘として1535（天文4）年に生まれ、名前を帰蝶といった。信長のもとには、15歳の時に政略結婚で嫁ぎ、その時に濃姫という名前がつけられた。明智光秀と従兄弟関係、知的で気性がしっかりしていた。嫁入り後は早死、子どもが出来ずに離縁、本能寺では信長と一緒に戦った、など小説の濃姫がひとり歩きしている。信憑性に乏しいなか、信長が亡くなった翌年に一周忌があり、『妙心寺史』に記録が残されている。そこに登場する「安土殿（御局）」を濃姫とするならば、濃姫は1612（慶長17）年まで生きていたことになるのだが。

※〈稲葉山城の戦い〉この戦いでは、蜂須賀小六の力を借りて、秀吉が一夜城といわれる「墨俣(すのまた)城」を造ったことでも知られる。

Chapter 36

豊臣秀吉《とよとみひでよし》①「誕生」

母の再婚相手と仲がよくなかった秀吉は、15歳で家を出る。そして遠江国である城主と出会い、そこから運命が変わっていく。

DATA

- 1537(天文6)年～1598(慶長3)年
- 出身地・尾張国(愛知県)
- 父・弥右衛門、母・仲(大政所)
- 幼名・藤吉郎、木下藤吉郎、羽柴秀吉、渾名・猿、豊太閤
- 主君・松下之綱→織田信長→織田秀信
- 享年・62歳
- 戒名・国泰祐松院殿霊山俊龍大居士
- 墓所・豊国神社(京都府京都市東山区)、不動院(広島県広島市東区)

殿に従順で予想以上の働きをする男

尾張国の百姓だったとされる弥右衛門と仲夫婦から生まれた秀吉は、藤吉郎と名づけられた。『太閤素生記』によると、秀吉は7歳で父と死別し、8歳で光明寺に入っている。けれどすぐに飛び出し、15歳で再び家を出る。理由は、実父が亡くなった後、なかが再婚した筑(竹)阿弥と秀吉の気が合わなかったからだという。虐待されていたという説もある。

尾張を出た秀吉は、東海道を東へ三河、遠江と下っていき、一説には木綿針を売って、路銀の足しにしていたという。そんな秀吉が、たまたま遠江国で、今川氏配下の頭蛇寺《ずだじ》城主**松下加兵衛**※と出会い、仕えることとなる。そして1554(天文23)年、秀吉はこのころ、那古野城主信長のもとで、小者として仕えている。加兵衛のもとを去った理由と、信長との出会いは不明だが、信長のもとで、秀吉は人生を大きく飛躍させていく。

信長は、出自が不明でも、実力があれば仕事を与えた。そして、力を発揮すると城が与えられ、俸禄も増えていく。だから、秀吉は一夜城ともいわれた、砦のような墨俣城を造り上げたり、朝倉義景攻めでは、信長が浅井長政に裏切られ、急遽京都に引き返す際には、殿軍を買ってでている。従順で予想以上の働きをする家臣を信長は好み、その最たる人間が秀吉であった。

姉川の戦い後、秀吉は、浅井方の城だった横山城の城番となり、名前も藤吉郎ではなく、秀吉と名乗りはじめていたと思われる。

家紋　五七桐（ごしちぎり）

皇室の紋だった桐紋を信長から下賜され、
後に「太閤桐」紋を作って、
豊臣家の縁起のよい象徴紋とした。

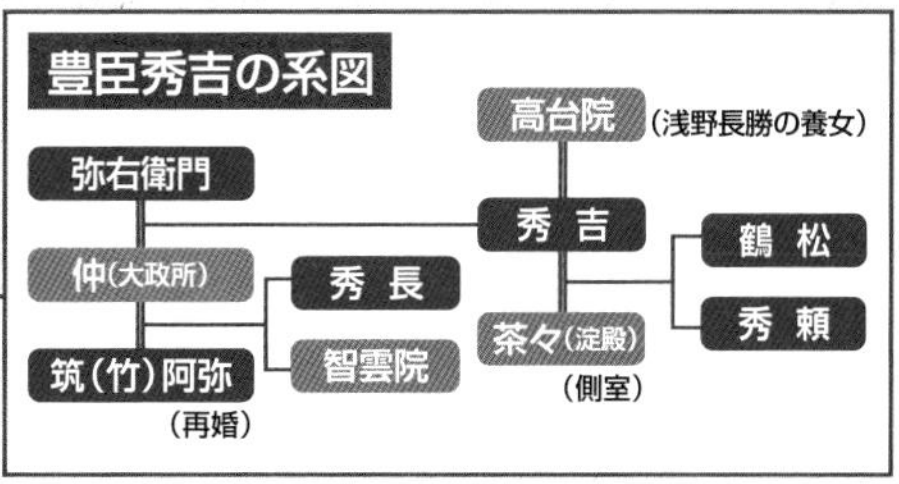

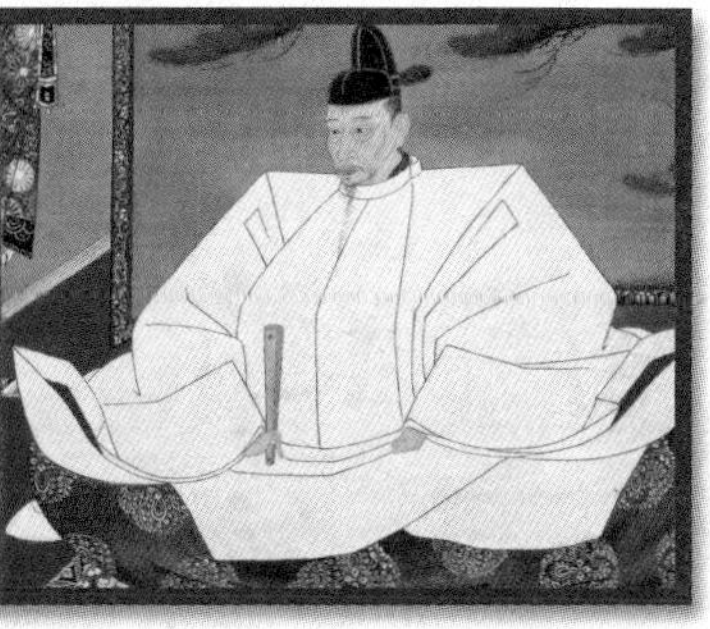

豊臣秀吉　肖像（高台寺所蔵）

お市の方が残した3人の娘と秀吉

信長の妹お市の方は、浅井長政に嫁いで3人の女子を生む。その後、柴田勝家と再婚するが、秀吉に破れて夫勝家とともに自害。3人の女子は秀吉に引き取られ、波乱に満ちた人生をおくる。

長女［茶々《ちゃちゃ》］	1569年～1615年	秀吉はお市の方に惹かれていた。そのため、お市の面影を強くもっていたといわれる茶々は、19歳で秀吉の側室となる。鶴松を生んだことで淀城を与えられ、以後淀の方（淀殿）とよばれる。鶴松を亡くした後は秀頼を生む。大坂夏の陣では秀頼とともに自害する。
次女［初《はつ》］	1570年～1633年	秀吉に引き取られた後、京極高次のもとへ嫁ぐ。関ヶ原の戦い後、高次は小浜城主となるが他界。初は常高寺を作ってそこに住む。大坂の陣では、徳川との和議や関係者の助命嘆願に奔走した。
三女［江《ごう》］ お江与、小督ともいう	1573年～1626年	秀吉によって3度の結婚をさせられる。3度目が徳川2代将軍秀忠で、2男5女をもうける。次男家光は3代将軍。長女の千姫は7歳で秀吉の息子秀頼に嫁ぎ、秀頼亡き後は本多忠刻と再婚している。ほか、天皇家や前田家などに娘が嫁ぎ、浅井の血は彼女の子に受け継がれることになる。江戸城で生涯を終える。

豊臣秀吉に関係した主な武将たち

蜂須賀正勝《はちすかまさかつ》	1526年～1586年	尾張国土豪で、蜂須賀小六ともいう。桶狭間の戦いに従軍し、長浜城主となった秀吉の直臣として外交調整を行う。
長束正家《なつかまさいえ》	1562年?～1600年	丹羽長秀亡き後、秀吉直臣となる。算術能力をかわれて太閤検地の実施や、小田原城攻めでは兵糧輸送に活躍。
堀尾吉晴《ほりおよしはる》	1543年～1611年	秀吉が木下藤吉郎と名乗っていたころからの家臣。信任も厚く、豊臣政権では三中老のひとりとなる。
前野長康《まえのながやす》	不　　詳～1595年	早くから秀吉に仕え、秀吉が信長に命を受けた一夜城（墨俣城）造りにも携わる。

戦国豆知識

秀吉を支えた実弟の秀長

1591（天正19）年、秀吉の弟秀長が病死した、享年52歳。兄に誘われて武士となり、最初は信長に仕えたという。金銭感覚に優れ、また、穏やかな性格と人望の厚さは、頂点を目指す兄には嫌疑対象となりかねないが、むしろ頼りにされ、秀吉に意見進言できるのは秀長だけといわれるほどの名調整役だった。秀吉の偉業は秀吉個人が作ったものではなく、秀長との二人三脚で成し遂げたと思われる。その証しに、後の秀吉政治は、養子の秀次事件、千利休切腹、朝鮮出兵など、秀吉時代の終焉を早める問題が多いことを知らされる。

※〈松下加兵衛〉秀吉が最初に仕えた城主（松下長則とも）。秀吉は後年、若い時のお礼にと、遠江の吉が久野城主と石高を与えた。

応仁の乱 1467年
鉄砲伝来 1543年
桶狭間の戦い 1560年
本能寺の変 1582年
関ヶ原の戦い 1600年
大坂夏の陣 1615年

Chapter 37

豊臣《とよとみ》秀吉《ひでよし》②「長浜城」

先輩の名前を頂戴し、城には信長の1文字をつける。秀吉は相手を気遣いながら、自分のペースに乗せていった。

DATA

ルイス・フロイスが語る豊臣秀吉

●身長が低く、醜悪な容貌の持ち主で気品に欠けていた。
●極度に淫蕩で、獣欲に耽溺していた。
また、片手には六本の指があった。
※秀吉の六本の指は、前田利家の回想録『国祖遺言』にも記されている。
●悪徳に汚れ、抜け目なき策略家だった。

憎めない性格ゆえか　家臣がついてきた

1573（天正元）年、小谷城で浅井氏が滅び、信長に新しい城造りを認められたのは、羽柴秀吉だった。羽柴姓は丹羽長秀と柴田勝家から1文字ずつもらい受けたという。また、新しい城に、信長の「長」を頂戴して今浜を長浜に変えて長浜城としたのも、抜け目ない秀吉ならではの世渡り術だった。

城主となった秀吉は、石田三成、大谷吉継など、才あるものを登用した。それと、奇妙な風貌と憎めない性格ゆえか、竹中重治、黒田孝高、福島正則、加藤清正など多くの武将が、秀吉のもとで働いた。毛利の外交僧安国寺恵瓊は、信長は近いうちに倒れ、秀吉の時代がやってくる、と手紙に記している。その予言どおり、信長は本能寺で討たれ、秀吉の時代が到来する。

城攻めが得意な秀吉は、1577（天正4）年からの中国侵攻で、※**兵糧攻め**や高松城の水攻めなどで落城させている。本能寺の変はその最中に起きた。秀吉は驚くような速さで京へ戻り、天王山麓の山崎で明智光秀と戦う。光秀は土民に討たれ、その後、清洲会議、賤ヶ岳の戦い、四国、九州、小田原城攻めの後、天下を平定する。幼い我が子秀頼が心配だった秀吉は、亡くなるひと月前、家康に、秀頼の後見人を頼むと伝え、伏見城で息を引き取る。しかし17年後、秀頼は、母の淀殿とともに、家康によって自害に追い込まれ、豊臣の時代が幕を下ろす。

「露と落ち　露と消えにし　我が身かな　浪速のことは夢のまた夢」－秀吉。

豊臣秀吉の略年表

西・和暦	年齢	主な出来事
1537(天文 6)年	1歳	農民の木下弥右衛門の子として尾張国に生まれる。
1554(天文23)年	18歳	この頃から織田信長に仕えたといわれている。
1561(弘治 4)年	25歳	浅野長勝の養女で、杉原定利の娘ねねと結婚する。
1565(永禄 8)年	29歳	この頃から、書状には木下藤吉郎秀吉と書かれている。
1567(永禄10)年	31歳	美濃の竹中半兵衛（後の重治）は、織田信長の誘いを断り秀吉に仕える。
1568(永禄11)年	32歳	信長の上洛戦に従軍して京都の政務を務める。
1570(元亀 元)年	34歳	姉川の戦いに従軍する。金ヶ崎の退き口では明智光秀らと信長に殿軍を任せられる。横山城の城番となる。
1572(元亀 3)年	36歳	この頃から木下姓改め羽柴姓となる。
1575(天正 3)年	39歳	長篠の戦いに従軍する。浅井氏が滅亡して長浜城主となる。
1577(天正 5)年	41歳	信長の中国方面の侵攻が始まり、司令官を任される。
1582(天正10)年	46歳	備中高松城を攻めている時に光秀による本能寺の変を知る。中国大返し後、山崎の戦いで光秀に勝利する。清洲会議では柴田勝家と意見が対立する。
1583(天正11)年	47歳	賤ヶ岳の戦いで勝家に勝利する。
1584(天正12)年	48歳	従三位·権大納言となる。
1585(天正13)年	49歳	従一位·関白となる。長宗我部元親に勝利して四国を平定する。
1586(天正14)年	50歳	天皇から豊臣姓を賜り太政大臣に就任する。徳川家康が上洛して大坂城で秀吉に会う。京都に聚楽第を着工する。
1587(天正15)年	51歳	島津義弘に勝利して九州を平定する。バテレン追放令を制定する。聚楽第が完成し、後陽成天皇の行幸を迎える。
1588(天正16)年	52歳	海賊禁止令、刀狩令を発布する。
1590(天正18)年	54歳	小田原城攻めを行い、北条氏滅亡。協力しなかった奥州大名に対して奥州仕置を行う。
1591(天正19)年	55歳	子の鶴丸が亡くなり、弟で参謀の秀長が病死する。養子の秀次に関白を譲って太閤となる。
1592(文禄 元)年	56歳	朝鮮侵攻の文禄の役を始める。
1593(文禄 2)年	57歳	兵を一度撤退させる。
1595(文禄 4)年	59歳	秀次を出家させ、後に切腹させる。
1598(慶長 3)年	62歳	慶長の役で再び朝鮮侵攻を始める。秀頼を補佐する五大老·五奉行制度を決めた後、病に伏して伏見城で亡くなる。

戦国豆知識

秀吉の妻北政所《きたのまんどころ》

実名は、寧々、ねね、おねね、などがある。浅野長勝の養女で、親は結婚に反対だった。信長家臣として出世した夫は、城主となったが実子に恵まれず、北政所は、代わりに加藤清正、福島正則たちを幼少時から養育し、秀吉恩顧の武将に育て上げた。夫が天下人となり、従一位北政所となる。夫亡き後は、側室淀殿の子秀頼が豊臣を継ぐ。ねねは大坂城を去る時、「内府（家康）に従いなさい」と清正、正則らに伝え、その言葉どおりに東軍についた。「豊臣の天下は夫一代で店仕舞」。そんな北政所の思いが、逸話として残っている。享年77歳。

※〈兵糧攻め〉敵の食料補給路を途絶えさせる攻め方。中国侵攻では2年間の遮断や、食料を買い取ってしまう方法を駆使する。

Chapter 38

徳川《とくがわ》家康《いえやす》①「誕生」

信長、秀吉の2人の時代は短かった。
しかし家康政治は260年続いた。
家康にあって2人になかったもの、それはなんだったのだろう。

DATA

- 1542（天文11）年～1616（元和2）年
- 出身地・三河国（愛知県）
- 父・松平広忠、母・於大
- 幼名・竹千代、その後・松平元信、元康、家康、／通称・次郎三郎、大御所
- 主君・今川義元→今川氏真→織田信長→豊臣秀吉→豊臣秀頼
- 享年・75歳
- 戒名・東照大権現安国院殿徳蓮社崇誉道大居士、安国院殿徳蓮社崇誉道大居士
- 墓所・日光東照宮（栃木県日光市）、大樹寺（愛知県岡崎市）、高野山（和歌山県伊都郡高野町）

人質生活が家康にもたらしたこと

家康は、父が今川氏の庇護を受け、母の兄が織田氏と同盟を結んだことで、2歳の時、両親が離婚。母は家康の元を去った。その後、尾張の織田氏で2年半、駿府の今川氏で11年という人質生活をおくる。

今川氏では、人質だからといって幽閉されることなく、穏やかな毎日だった。時には義元の鷹狩に同行したり、家庭教師の太原雪斎から、中国古典も学んだ。それだけではなく、『吾妻鏡』『群書治要』など数多くの書物を読み、日本史も学んだ。また、元服時は、義元から1文字をもらい、元康と名乗るようになった。義元の姪と結婚もしている。まさにいたれりつくせりの人質生活だった。

1560（永禄3）年、義元は、信長によって桶狭間で討たれる。この時家康は、義元の先鋒隊として出陣、信長側の砦を攻め落としている。この桶狭間の戦いが、家康を戦国時代の1大名から、天下人へと押し上げていくことになる。

義元が討たれ、家康は今川氏からの支配を逃れた。そして岡崎城へ帰った。その後、信長と同盟を結ぶが、主導権は家康になかった。そのため、我が妻と**子**※が、信長に嫌疑をかけられ、処刑せよとの命令が下る。けれど逆らえず、結局は、言われるままになってしまった。たとえ2年半であったにせよ、織田氏の人質だったことは、家康に織田氏に従う義務感を生じさせていた。しかし、信長の縛りから解き放たれる時がきた。本能寺の変だ。

信長が消え、家康に絶対服従がなくなった。

家紋 三葉葵(みつばあおい)

京都の加茂神社が、祭礼に
使用していた二葉葵をもとにして作られていて、
時代によって形が変わっていく。

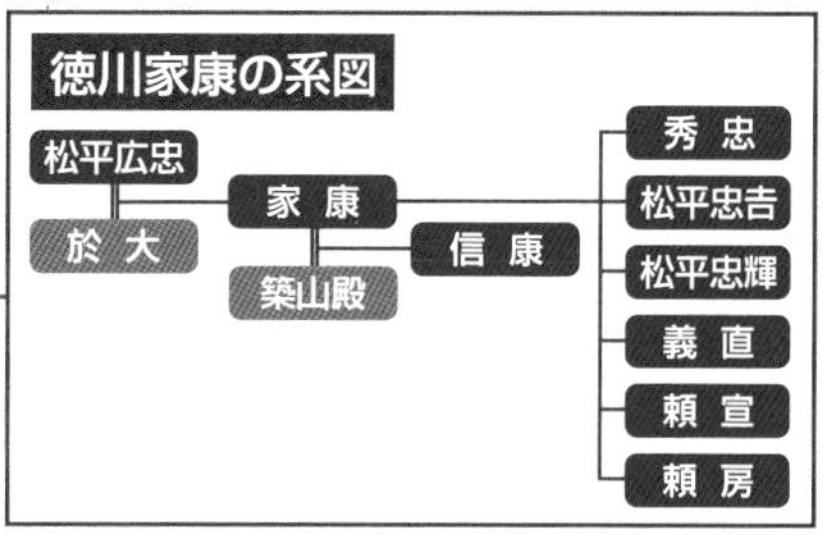

徳川家康 肖像

徳川四天王 家康は天下を取る男と信じて支えた4人の武将たちがいた。また、井伊、本多、榊原の3人を徳川3傑と呼ぶこともある。(石高は関ヶ原の戦い後)

●井伊直政(1561年～1602年)	近江国佐和山に18万石
●本多忠勝(1548年～1610年)	伊勢国桑名に10万石
●榊原康政(1548年～1606年)	戦前と変わらず上野館林に10万石
●酒井忠次(1527年～1596年)	―

徳川幕府260年の元となった大名統制

❶武家諸法度	大名統制の法令。1615年に家康の命で出された「元和令」は13ヶ条からなり、寛永令、寛文令など、将軍交代で、改定がなされていった。
❷参勤交代	1635年に3代将軍家光による武家諸法度(寛永令)で条文化された。大名は江戸と国元を交代する制度。
❸一国一城令	家康発案で秀忠が発布したもの。1つの国に1つの城。居城以外は廃城させた。寛永令には、新たな城は造らぬことと記載されている。
❹軍役奉仕	大名は自己の家臣団(軍団)を構成し、その領地や石高に応じた、人、騎馬、鉄砲、槍、鎧などを軍役として幕府に提供する。
❺御手伝普請	諸大名に命じて、大規模な城工事や河川工事などを行った。人足、資材などは石高によって決まるが、多くの大名は、将軍への忠誠を表現するため、「馳走」と称して、数量以上を提供した。江戸城や江戸の町作りはこうして出来上がっていった。

徳川家康に関係した主な武将たち

榊原康政《さかきばらやすまさ》	1548年～1606年	13歳のころから家康に仕える。関ヶ原の戦いでは秀忠付きで、戦後、家康の秀忠への怒りをやわらげ、2人の対面を実現させる。
井伊直政《いいなおまさ》	1561年～1602年	父が今川氏の家臣で、浜松城下で鷹狩りをしていた家康に、15歳の時に仕官を誘われた。政治力に優れ、関ヶ原の戦いでは徳川譜代にこだわり、先陣を切っている。
服部半蔵正成《はっとりはんぞうまさなり》	1542年～1596年	2代目半蔵で、甲冑を身に着けて戦場にでた武将。槍の名手で、本能寺の変後は、家康の伊賀越えの先導役を努める。
平岩親吉《ひらいわしんきち》	1542年～1611年	家康が今川の人質になる時、家康の小姓として一緒に駿府へ行った。そうした関係で家康からの信頼も厚く、家康嫡男信康の補佐なども任される。

戦国豆知識

家康の友好外交「朱印船貿易」

秀吉外交は侵攻政策だったが、家康は友好外交を進めた。それが、関ヶ原の戦い翌年に創設された朱印船制度である。海外との交易を行う貿易は、家康が朱印し発行した異国渡海朱印状を必要としたことで、朱印船貿易とよばれた。鎖国政策を取る以前の30年間で、350隻以上の日本船が東南アジアを航海して物販交流が図られ、朱印船が渡海する東南アジアの国々には「日本町」もでき、7つの日本町に、合わせて5千人ほどの人が居住していたという。しかし、家康亡き後の鎖国令で朱印船の渡海は禁止となり、日本町も縁が切れ、衰退してしまった。

※〈子〉家康と築山殿に生まれた徳川信康。人望と優れた器量をもった武将だったが、築山殿と処刑される。享年21歳。親子間が不仲であったという説もある。

Chapter 39

徳川家康《とくがわいえやす》②「秀吉から家康へ」

家康と秀吉による小牧・長久手の戦いは家康勝利で終わった。秀吉の家康を臣従するための誘いがはじまり、大政所までが人質でやってきた。

家康の存在が秀吉への影となった

本能寺で信長が討たれた。翌年、賤ヶ岳の戦いで織田信孝が倒れ、三法師を推す秀吉の力が増大しはじめると、信長の次男信雄が反発した。信雄は家康を味方にし、反秀吉を明確にする。呼応したのは佐々成政、長宗我部元親。ついに1584（天正12）年、小牧・長久手で、信雄、家康連合軍と秀吉の一戦がはじまった。戦いは多くの死傷者もでたが、小牧・長久手の戦いは、連合軍勝利で終わった。

家康に臣従を求める秀吉からの誘いがはじまった。かつて家康が信長に感じた無言の恐れを、今度は家康が秀吉に与えているのだ。

秀吉は家康との関係強化の為に妹の朝日姫を再婚相手にさしだしたが、家康は臣従しない。今度は秀吉の母大政所が人質としてやってきた。ここまでくるとさすがの家康も根負けし、家康は大坂城へ出向いた。そして、秀吉のもとに臣従することを諸大名の前で誓った。1590（天正18）年の小田原城攻めで、家康は250万石と江戸城を手にするという名目で故郷から移動させられたが、そのおかげで朝鮮出兵にも参加せずに済んだ。その後**豊臣五大老**※のひとりとなり、秀吉に秀頼の後見人を頼まれるが、秀吉は1ヵ月後、息をひきとった。

1600（慶長5）年、日本の諸大名が2つに分かれて関ヶ原で戦いが行われる。そして大坂冬の陣、夏の陣へと続き、後見人を託された秀頼と、その母淀殿は、大坂城で自害して果てた。その翌年、家康もすべてが終わったかのように息をひきとった。

DATA

ルソン総督ドン・ロドルゴの見た徳川家康

- 中背の老人で、尊敬すべき愉快な容貌をもっていた。太子（秀忠）のように黒くなく、体型は太っていた。

◆逸話

- 新しい服はあまり買わず、洗濯して使用していた。
- 手相は知能線と感情線が一体となっていた。

徳川家康の略年表

西・和暦	年齢	主な出来事
1542(天文11)年	1歳	三河国の大名松平広忠の嫡男として生まれる。
1547(天文16)年	6歳	今川義元の人質となるが、織田信秀に捕らわれる。その後、信秀から義元の元に戻される。
1555(弘治 元)年	14歳	元服して次郎三郎元信と名乗る。義元の姪の瀬名(後に築山殿)と結婚する。※1957年説あり。
1558(永禄 元)年	17歳	寺部城主鈴木重辰攻めで初陣する。
1560(永禄 3)年	19歳	桶狭間の戦いが起こる。義元が織田信長に討たれたことで、今川氏から離れる。
1561(永禄 4)年	20歳	信長と清洲同盟を結ぶ。
1566(永禄 9)年	25歳	松平姓から徳川姓を名乗るようになる。
1568(永禄11)年	27歳	足利義昭を奉じて信長が上洛した時、松平信一を護衛として派遣する。
1570(元亀 元)年	29歳	姉川の戦いでは信長軍の援軍となる。
1572(元亀 3)年	31歳	三方ヶ原の戦いで武田信玄に敗北する。1枚の絵を残す。
1575(天正 3)年	34歳	信長と共に長篠の戦いで武田勝頼と戦い、勝利する。
1579(天正 7)年	38歳	信長に嫌疑をかけられて築山殿を殺害する。
1582(天正10)年	41歳	安土城の信長を訪問する。本能寺の変が起き、伊賀越えで三河国へ帰る。
1584(天正12)年	43歳	小牧·長久手の戦いで羽柴秀吉(後の豊臣)に勝利する。
1586(天正14)年	45歳	秀吉の母大政所が人質として岡崎城に来たことで、上洛に応じる。
1587(天正15)年	46歳	朝廷から従二位·大納言、さらに、左衛門大将に任ぜられる。
1590(天正18)年	49歳	小田原城攻めの後関東への移封命令を受けて、江戸城を居城とする。
1598(慶長 3)年	57歳	秀吉亡き後、五大老の一人として(五大老·五奉行制度)伏見城で政務を行い、多数派工作を始める。
1600(慶長 5)年	59歳	直江状を理由にして諸将を引き連れて会津攻めに出発する。その後、関ヶ原の戦いに勝利する。
1603(慶長 8)年	62歳	江戸に幕府を開いて征夷大将軍となる。
1605(慶長10)年	64歳	徳川秀忠に将軍職を譲って大御所となる。
1607(慶長12)年	66歳	朝鮮通信使と謁見し、李氏朝鮮との国交を回復する。江戸城から駿府城に移る。
1611(慶長16)年	70歳	豊臣秀頼と二条城で会見する。
1614(慶長19)年	73歳	大坂冬の陣起こる。豊臣方と和睦する。
1615(元和 元)年	74歳	大坂夏に陣に勝利する。武家諸法度を制定する。
1616(元和 2)年	75歳	太政大臣となる。駿府城で亡くなる。

戦国豆知識

家康の妻瀬名姫

今川義元の姪で16歳になる瀬名姫は、義元のもとで人質だった家康と結婚する。そして1男1女をもうけるが、叔父の義元が信長に討たれ、夫家康は信長と同盟を結んだ。岡崎城に迎えられたが、家康は信長の目を意識して、瀬名姫を城内の離れ屋敷に移す。そこが尼寺の築山領だったことで、築山御前、築山殿とよばれた。その後、嫡男信康と結婚した徳姫が、父信長に、瀬名姫、信康親子が武田と内通していると話し、信長を恐れた家康は、指示通りに家臣に2人の処罰を命じる。妻の瀬名姫は殺害(享年38歳)、半月後、21歳の信康は自害した。

※〈豊臣五大老〉徳川家康、前田利家、宇喜多秀家、毛利輝元、小早川隆景で、隆景亡き後は上杉景勝が入った。

応仁の乱 1467年
鉄砲伝来 1543年
桶狭間の戦い 1560年
本能寺の変 1582年
関ヶ原の戦い 1600年
大坂夏の陣 1615年

その他の武将②

太原雪斎（たいげんせっさい）

1496（明応5）年～1555（弘治元）年

禅僧であったが、今川義元の教育係を務め、今川家に仕えて義元の補佐役となる。織田家の人質になっていた松平竹千代（後の家康）を今川氏に取り戻している。駿甲相三国同盟を立案したともいわれている。

大友宗麟（おおともそうりん）

1530（享禄3）年～1587（天正15）年

少弐氏、島津氏と九州における大勢力のひとつ。キリシタン大名としても知られ、ザビエルを府内に招いて洗礼を受けている。また、天正遣欧使節をローマに送っている。耳川の戦いで島津氏に敗北後、衰退していく。

太田道灌（おおたどうかん）

1432（永享4）年～1486（文明18）年

江戸城を完成させるなど、幾つかの築城を手がける。今川氏や上杉氏の内乱を鎮めたり、当時の代表的詩人を江戸城に招いて歌会なども催している。なお、道灌という名前は入道後の号である。

山中幸盛（やまなかゆきもり）

1545（天文14）年？～1578（天正6）年

尼子氏家臣として、実現不可能と思われる尼子氏再興に奔走。毛利氏に戦いを挑み、武勇者としても「願わくは我に七難八苦を与え給え」の逸話が残っている。山中鹿介の名でも知られている。

北畠具教（きたばたけとものり）

1528（享禄元）年～1576（天正4）年

伊勢国司の北畠氏は、戦国期に活躍した伊勢国の名家。具教が大河内城主だったころは、水銀を押さえていたことで財力に恵まれていた。信長に城を落とされ、自刃する。塚原卜伝直伝の天下無双の剣豪だった話もある。

第二章

戦国の合戦

大将は、
本陣で采配を
ふるうのではなく、
自らが戦場にて
敵をうつべし。

前田 利家

人は城、
人は石垣、
人は堀、
情けは味方、
仇（あだ）は敵なり。

武田 信玄

東北・北陸地方の主な戦い

越後では上杉謙信が力を誇っていたが、東北地方は、室町幕府と離れていたせいもあって大きな勢力支配はなかった。しかし伊達家の台頭により、以後、勢力図が大きく変わっていく。

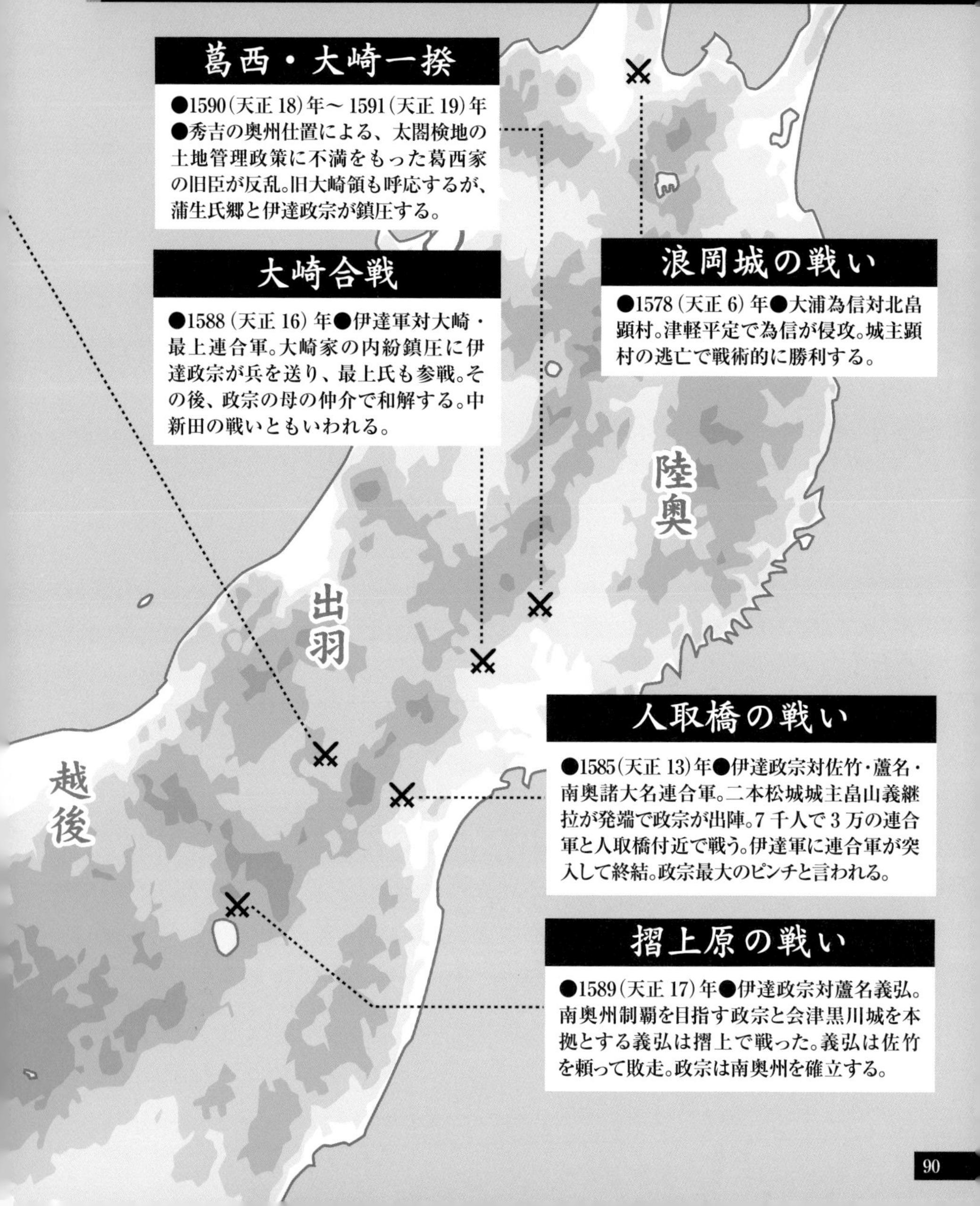

葛西・大崎一揆

●1590(天正18)年～1591(天正19)年●秀吉の奥州仕置による、太閤検地の土地管理政策に不満をもった葛西家の旧臣が反乱。旧大崎領も呼応するが、蒲生氏郷と伊達政宗が鎮圧する。

大崎合戦

●1588(天正16)年●伊達軍対大崎・最上連合軍。大崎家の内紛鎮圧に伊達政宗が兵を送り、最上氏も参戦。その後、政宗の母の仲介で和解する。中新田の戦いともいわれる。

浪岡城の戦い

●1578(天正6)年●大浦為信対北畠顕村。津軽平定で為信が侵攻。城主顕村の逃亡で戦術的に勝利する。

人取橋の戦い

●1585(天正13)年●伊達政宗対佐竹・蘆名・南奥諸大名連合軍。二本松城城主畠山義継拉が発端で政宗が出陣。7千人で3万の連合軍と人取橋付近で戦う。伊達軍に連合軍が突入して終結。政宗最大のピンチと言われる。

摺上原の戦い

●1589(天正17)年●伊達政宗対蘆名義弘。南奥州制覇を目指す政宗と会津黒川城を本拠とする義弘は摺上で戦った。義弘は佐竹を頼って敗走。政宗は南奥州を確立する。

奥羽出羽合戦

●1600(慶長5)年●上杉景勝対最上義光。上杉軍は直江兼続を総大将にして最上氏攻めを行った。長谷堂城を包囲するが、関ヶ原で西軍敗北を知り、上杉軍は撤退。北の関ヶ原ともいわれる。

御館の乱

●1578(天正6)年～1579(天正7)年●上杉景勝対上杉景虎。謙信亡き後、景勝、景虎の2人の養子が家督を争い、春日山城の景勝が御館の景虎を攻めて、上杉家当主となる。

七尾城の戦い

●1576(天正4)年～1577(天正5)年●上杉謙信対能登国七尾城の親信長派。9月15日開城。城は謙信が所有する。

第4次川中島の戦い

●1561(永禄4)年●武田信玄対上杉謙信。1553(天文22)年から12年間で5回の戦いが行われ、その中で最も死傷者を出したのが、第4次合戦といわれている。

末森城の戦い

●1584(天正12)年●佐々成政対前田利家。信長亡き後、反秀吉派の成政は、隣国の利家を攻めるべく挙兵。利家の末森城をめぐって争うが、成政は敗走。その後、成政は秀吉傘下となる。

手取川の戦い

●1577(天正5)年●上杉謙信対織田信長。手取川を渡り、七尾城の援軍に向かう途中、信長軍は陥落の報せを聞く。進軍撤退しようとした時、謙信軍が襲いかかり、信長軍を追撃。信長軍の被害は甚大で謙信完勝で終わる。

Chapter 40

第4次 川中島の戦い

八幡原は深い霧。長い膠着状態を続けていた両者は、ついに、奇襲に奇襲という軍事衝突に突入する。

DATA

- ●武田信玄（41歳）対 上杉謙信（32歳）
- ●とき／1561年・永禄4年
- ●場　所／川中島（現在・長野市南郊外）
- ●結　果／勝敗は決着つかず
- ●メ　モ／武田信玄の弟信繁が戦死する
- ●主な出来事／この年、京都・奈良に大風雨・洪水

最初に仕掛けたのは 武田信玄だった

1561（永禄4）年8月、上杉謙信率いる軍は川中島に向かい、信玄の梅津城を横に見ながら妻女山に布陣した。一方の信玄は、謙信出陣の報せを聞き、8月中旬、兵を率いて甲府を出発。数日後、謙信が陣をはる妻女山北方の茶臼山に陣を敷いた。しばしの膠着状態の後、信玄が動き、同月29日、妻女山から直線で4km先の梅津城に移動した。それから再び数日間の睨み合いが続く。

そして9月9日深夜、川中島の戦いが動きはじめた。信玄は、※**山本勘助**の提言で「啄木鳥戦法」に打って出た。それは、夜襲で謙信の軍を妻女山から平地に誘い出し、平地に移動していた本隊と挟み撃ちにするというものだ。しかし、妻女山から武田軍の動きを見ていた謙信は、作戦を察知。篝火を灯して陣にいると見せかけ、下山。移動した信玄本隊がいる八幡原に向かった。

翌10日朝、武田軍別働隊が妻女山の上杉陣に奇襲をかける。しかし謙信は不在。しまった！と思った頃、今度は八幡原で上杉軍が武田軍に奇襲をかけた。その時、辺り一面深い霧に覆われ、霧にまぎれて、妻女山にいるはずの上杉軍が目の前に。慌てたのは武田軍だ。戦いは劣勢に回ったが、別働隊が駆けつけると形勢は逆転。不利を悟った謙信は全軍を撤退させ、両軍死傷者数2万5千人（死者7千人）という激戦は、当日昼頃、幕をおろした。

この後両雄は、5度目の対峙をするが合戦には至らず、信玄は信濃一国を領有することになる。

川中島の5度の合戦　上杉謙信 VS 武田信玄

■第1次合戦	八幡の戦い	1553（天文22）年
■第2次合戦	犀川の戦い	1555（天文24・弘治元）年
■第3次合戦	上野原の戦い	1557（弘治3）年
■第4次合戦	八幡原の戦い	1561（永禄4）年
■第5次合戦	塩崎の対陣	1564（永禄7）年

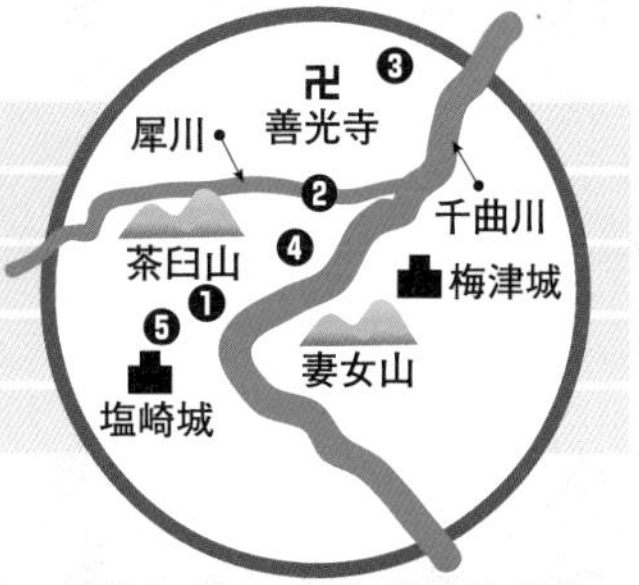

第4次合戦図と時間経過

合戦の時間経過	合 戦 作 戦
❶8月15日	上杉謙信が善光寺に着陣する
❷8月16日	妻女山に布陣を敷く（塩崎城の説あり）
❸8月24日	甲府を出発した武田信玄が茶臼山に布陣を敷く
❹8月29日	信玄の本陣が梅津城に入城
❺9月　9日	深夜両軍が移動を開始する
	●武田軍別働隊は妻女山へ
	●武田軍本隊が八幡原に布陣する
	●上杉軍は八幡原へ向かい布陣する
❻9月10日	武田軍別働隊が妻女山を奇襲するが謙信はいない
	●上杉軍が八幡原の武田軍本隊を奇襲
	●武田軍別働隊が八幡原へ移動
	●上杉軍が善光寺へ退却する

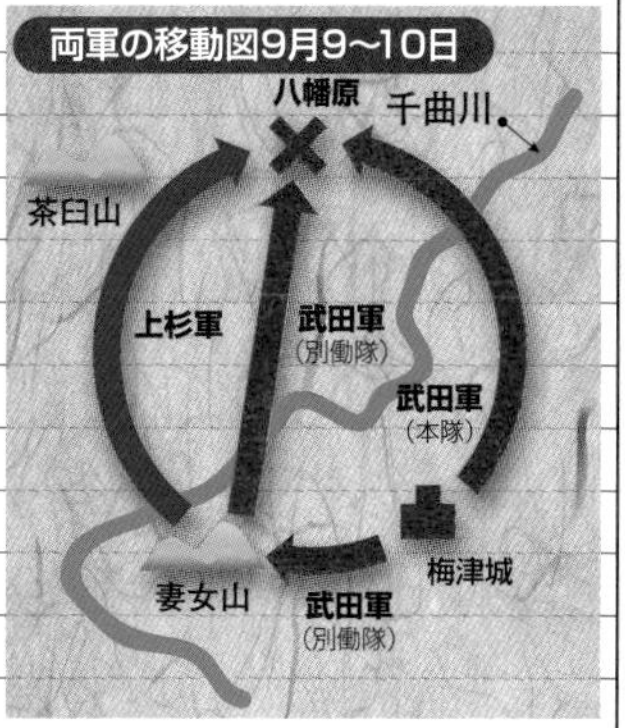

合戦に参加した主な武将

武田信玄軍

約2万人
（本隊8千人・別働隊1万2千人）

- 武田信玄
- 武田信繁
- 武田信廉
- 山本勘助
- 諸角虎定
- 穴山信君
- 高坂昌信
- 馬場信房
- 真田幸綱

上杉謙信軍

約1万8千人
（本隊1万3千人・善光寺詰め5千人）

- 上杉謙信
- 柿崎景家
- 甘粕長重
- 北条高広
- 本庄実乃
- 安田長秀
- 宇佐美定満
- 中条藤資

戦国豆知識

川中島の戦いの発端

武田信玄の信濃侵略に驚異を感じたのは、北信濃の国人領主たちだった。そこで彼らは、1553（天文22）年、上杉謙信に救援を求め、川中島の戦いの火蓋が切って落とされることになる。以後1564（永禄7）年までに、5度の合戦が行われるが、主に睨み合いや小競り合いが中心で、大きな戦いには至っていない。ただ唯一の本格的軍事衝突は、1561（永禄4）年9月に、千曲川と犀川の合流地周辺（川中島）の、八幡原で合戦のあった第4次で、一般的にいわれる「川中島の戦い」は、この第4次合戦のことを指している場合が多い。

※〈山本勘助〉『市河文書』には山本菅助の記載はあるが、山本勘助との関係など、謎も多い。

関東・東海地方の主な戦い

北条、上杉、武田、今川といった大名が競っていた地域の争いは、織田信長の登場と、その後の秀吉、家康によって吸収を余儀なくされ、やがて全国統一に向かうことになる。

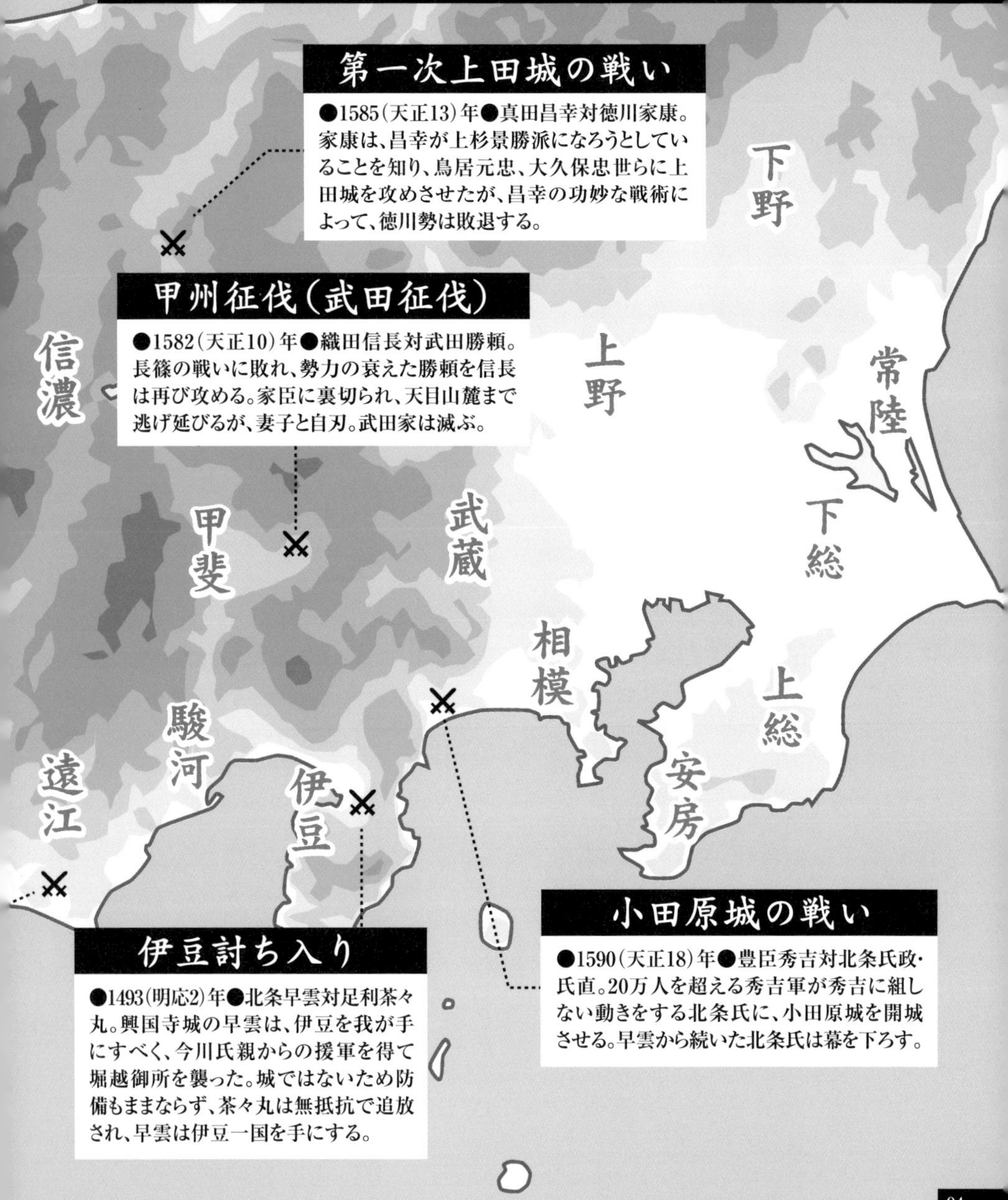

第一次上田城の戦い

●1585（天正13）年●真田昌幸対徳川家康。家康は、昌幸が上杉景勝派になろうとしていることを知り、鳥居元忠、大久保忠世らに上田城を攻めさせたが、昌幸の功妙な戦術によって、徳川勢は敗退する。

甲州征伐（武田征伐）

●1582（天正10）年●織田信長対武田勝頼。長篠の戦いに敗れ、勢力の衰えた勝頼を信長は再び攻める。家臣に裏切られ、天目山麓まで逃げ延びるが、妻子と自刃。武田家は滅ぶ。

伊豆討ち入り

●1493（明応2）年●北条早雲対足利茶々丸。興国寺城の早雲は、伊豆を我が手にすべく、今川氏親からの援軍を得て堀越御所を襲った。城ではないため防備もままならず、茶々丸は無抵抗で追放され、早雲は伊豆一国を手にする。

小田原城の戦い

●1590（天正18）年●豊臣秀吉対北条氏政・氏直。20万人を超える秀吉軍が秀吉に組しない動きをする北条氏に、小田原城を開城させる。早雲から続いた北条氏は幕を下ろす。

長篠の戦い

●1575（天正3）年●徳川家康・織田信長対武田勝頼。家康と勝頼の長篠城攻防で信長が家康に味方する。その後、戦場は設楽原に移り、家康・信長の勝利。武田信玄ゆかりの武将の多くは亡くなる。

関ヶ原の戦い

●1600（慶長5）年●東軍（徳川家康）対西軍（石田三成）。全国の武将の多くが関わった戦い。秀吉亡き後、天下の中心に納まろうとする家康に対し、石田二成は「ノー」をつきつけたことで戦いは始まった。

長良川の戦い

●1556（弘治2）年●斎藤義竜対斎藤道三。家督を譲った義竜との不和が原因で、親子戦争に発展。道三は長良川で戦死する。

小牧・長久手の戦い

●1584（天正12）年●織田信雄・徳川家康連合軍対羽柴秀吉。賤ヶ岳の戦いに勝った秀吉と、不満をもった連合軍の戦い。信雄・家康連合軍の勝利で終わる。

桶狭間の戦い

●1560（永禄3）年●織田信長対今川義元。東尾張征伐にきた義元を、信長は桶狭間で討ち取る。以後、信長は尾張を統一し、戦国の世に名前を響かせる。

三方ヶ原の戦い

●1572（元亀3）年●武田信玄対徳川家康。浜松城を出陣した家康は、三方ヶ原で待ち伏せしていた信玄と激闘。家康は死を覚悟するほどの大惨敗を喫する。

第一次高天神城の戦い

●1574（天正2）年●武田勝頼対城主小笠原長忠。勝頼は父信玄でも落とせなかった城を手中にする。信長は合戦に忙しくて城主である家康の応援ができなかった。三方ヶ原で信玄に負けた家康は武田を恐れたが、7年後、城を奪還する。

Chapter 41

桶狭間の戦い

信長は敦盛の一節を謡い舞い、そして出陣の貝を吹かせ、立ったままで湯漬けを食し、甲冑を身に付けて出陣した。

DATA

- 織田信長（27歳）対 今川義元（42歳）
- とき／1560年・永禄3年
- 場　所／愛知県名古屋市桶狭間
- 結　果／織田信長の大勝
- メ　モ／今川義元が戦死する
- 主な出来事／この年幕府は、ガスパル・ビレラに布教を許す

義元の目的は、信長を一喝することだった

1560（永禄3）年5月12日、今川義元は、2万5千の兵を従えて駿府を出発。目的は東尾張を制圧し、上洛の足固めをすることだった。東尾張には今川の鳴海城と大高城がある。信長は、前年に上洛して将軍に謁見。そして尾張領の支配権を得たことで、鳴海城、大高城攻略の砦造りをはじめた。その結果、2つの城は今川領内の沓掛城と遮断され、孤立状態になってしまった。義元はこの問題解決に東海道を西へ進み、18日に沓掛城へ入った。

沓掛城に入るや、松平元康（後の家康）に大高城へ兵糧入れをさせ、その夜から、鳴海城と大高城の間の丸根砦、鷲津砦の2つに侵攻を開始させた。義元の作戦は順調だった。けれどここから信長が動く。

夜明けに信長は舞った。「人間生まれて50年」。**幸若舞**※の「敦盛」だ。信長は清洲城を疾風のごとく出陣。軍勢を熱田神社に集結させ、砦に煙が上がるのを見た後、号令をかけて大高城周辺の中島砦へ向かった。一方の今川軍は、沓掛城を出た後、元康が砦を陥落させた報せを聞き、悠々と大高城へ。そして桶狭間で昼食。その時、突如激しい雨が。義元が大高城へ向かうことを知った信長は、雨のなか砦を出陣。まっしぐらにその途上の桶狭間へ。

午後、決戦がはじまった。義元が発見されるには時間はかからず、服部小兵太が襲い、毛利新助（良勝）が義元の首をあげ、2時間ほどで終わった。大高城に戻っていた元康は、義元到着が遅いのを心配していた。

桶狭間の戦いへの主な時間経過

時間経過	進行状況
①5月12日	義元が今川館を出発
②5月18日	掛川、岡崎を経て、沓掛城に入る
③5月19日 早朝	信長は「敦盛」を舞った後、清洲城を出陣
④同日 昼頃	義元は、お昼に予定通り桶狭間で昼食
⑤同日 昼過ぎ	信長は中島砦を出発して桶狭間へ 義元陣の兵は5千人程度
⑥同日 午後1時頃	信長が桶狭間に到着。戦闘開始
⑦同日 約2時間後	義元の首が毛利新助によってあげられ、戦いは終わる

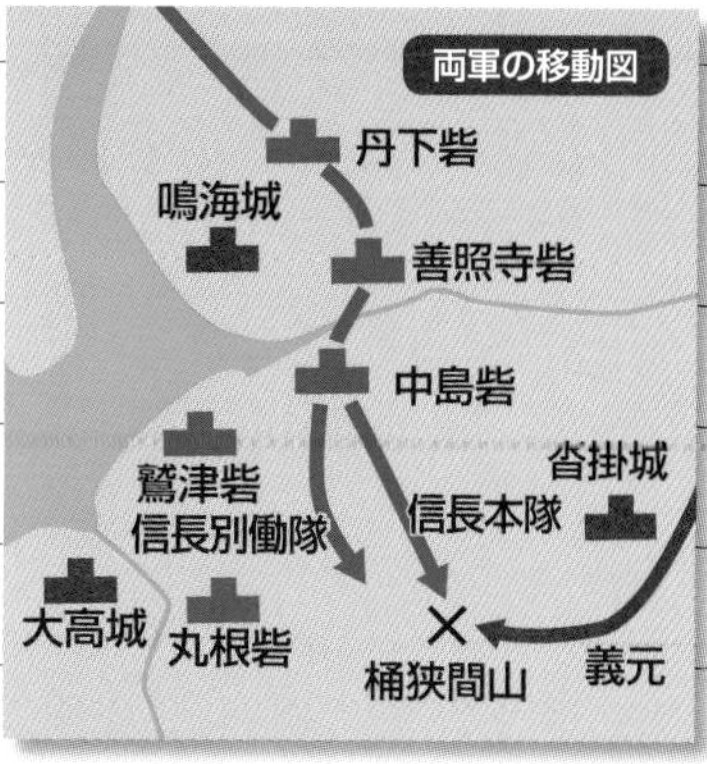

合戦に参加した主な武将

織田信長軍

約3千人

- 織田信長
- 織田秀敏
- 柴田勝家
- 森可成
- 佐久間信盛
- 佐々政次
- 梶川重実
- 水野忠光
- 池田恒興

今川義元軍

約5千人
出発時2万5千人。その後分散

- 今川義元
- 岡部元信
- 朝比奈泰朝
- 松平元康
- 鵜殿長照
- 近藤景春
- 久野元宗
- 瀬名氏俊

戦国豆知識

信長の心は1点に集中していた

信長は、砦を造りはじめた時から、義元が動くの感じていた。問題は、いつ来るのか、その時自分はどう対応するのかだった。信長は思っていた。兵力差では勝ち目がない。何故なら、信長軍は3千人程度。けれど、前年に武田、北条と同盟を結んだ今川は、その数倍でやって来るだろう。籠城戦は敗北が目に見え、また、義元が城に入ってしまうと、小軍は大軍に勝てない。勝機があるとしたら、死を覚悟しての野外戦しかない。では何処を野外戦の場とするか。それは、義元が鳴海城、大高城のどちらに入城するかで決まる。信長はこの1点に集中していた。

※〈幸若舞〉室町時代に流行した語りを伴うもので、能や歌舞伎の原型といわれる。敦盛は、平家物語がテーマの世阿弥作品。

Chapter 42

長篠の戦い

最初は長篠城の奪い合い程度だった戦いは、その後、設楽原に場所を移し、多数の戦死者が出る総力戦に変貌した。

DATA

- ●徳川家康（34歳）・織田信長（42歳）対 武田勝頼（30歳）
- ●とき／1575年・天正3年
- ●場所／愛知県新城市長篠・設楽原・有海原周辺
- ●結果／徳川・織田連合軍の勝利
- ●メモ／武田四天王はじめ、多くの武田騎馬軍団武将が戦死する
- ●主な出来事／この年、琉球使船（綾船）が薩摩に来航する

信長は、連吾川沿いに馬防柵を造営した

武田信玄亡き後、武田勝頼は、無敵の父信玄ですら落とせなかった遠江国の高天神城を手中にした。父を超えたと思った勝頼は、次に**長篠城**※奪回に向かう。長篠城は武田の城だったが、信玄の死後、武田家家臣奥平貞昌が家康方に寝返り、城主に収まった。

1575（天正3）年5月に入り、1万5千人の武田軍が長篠城を攻める。城内守兵は5百人。家康に援軍を頼まれた信長が、3万人の兵と岐阜城を出発し、14日に岡崎城で家康と合流。かくして信長・家康連合軍3万8千人は、籠城する長篠城の救済に歩を進めはじめた。連合軍が、長篠城西方3㎞先の設楽原に到着したのは18日。陣を敷き、連吾川沿いに馬防柵を作り始めた。

このとき信長は3千挺の鉄砲を持参してきたといわれている。そして21日早朝、武田軍の鳶ヶ巣山砦を酒井忠次隊が攻め、退路を脅かされることを恐れた勝頼が、設楽原に陣を移動したことで、午前6時、ついに長篠の戦いは始まった。武田軍の山県昌景隊と連合軍の大久保忠世隊が衝突。その後、信玄ゆかりの名将たちが次々と連合軍に突進する。しかし、連合軍の馬防柵と鉄砲にはばまれ、命を落としていく者が絶えなかった。

8時間ほど続いた長篠の戦いは、当初、小さな長篠城の奪い合いだったが、その後、戦場を設楽原に移し、多数の死傷者が出る大規模戦に変わってしまった。武田軍はこの敗北によって大きな打撃を受け、勝頼は翌年、天目山麓で自害する。

両軍の移動図

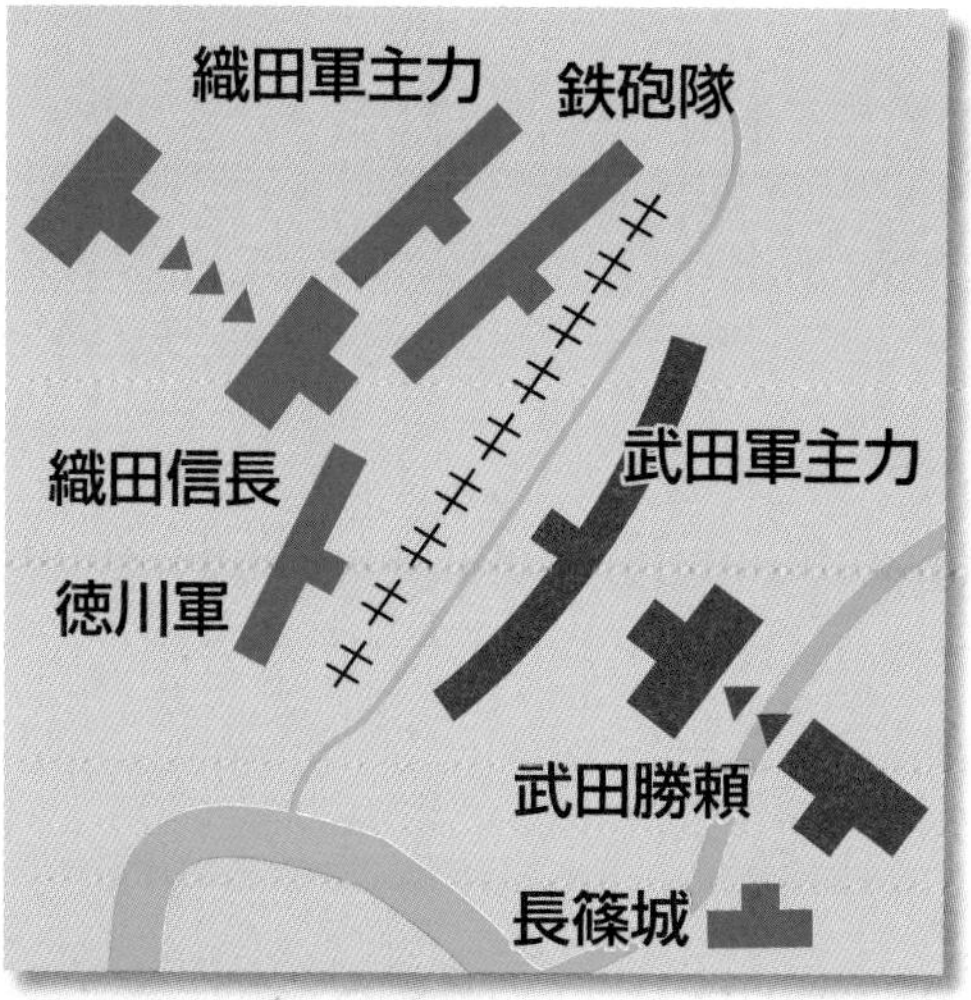

鉄砲足軽
長篠の戦いから鉄砲が使われるようになった

合戦に参加した主な武将

徳川家康・織田信長軍

約3万8千5百人
・徳川軍8千人・織田軍3万人・長篠城5百人

徳川家康軍
・徳川家康　・松平信康　・本多忠勝
・鳥居元忠　・大久保忠世　・酒井忠次

織田信長軍
・織田信長　・蒲生氏郷　・丹羽長秀
・羽柴秀吉　・前田利家　・滝川一益

長篠城
・奥平貞昌

×

武田勝頼軍

約1万5千人
駿府出発時は2万5千人。その後兵力が分散された

・武田勝頼　・武田信豊　・馬場信春
・山県昌景　・内藤昌豊　・穴山梅雪
・真田信綱　・真田昌輝　・小山田信茂
・原昌胤　・原盛胤

戦を変えた長篠の戦い

徳川家康・織田信長連合軍の馬防柵と約3千挺の鉄砲を装備した本格的な鉄砲隊を使った戦略は以降の戦を、刀から鉄砲隊へと大きく変えていくことになる。

戦国豆知識

信長考案の馬防柵

信長は、敵の武田騎馬隊からの防御と、味方の鉄砲隊を守るために、野戦築城ともいえる馬防柵を造った。それは、合戦場所になった設楽原に流れる小川の連吾川を堀に見立て、川沿いに約2kmほどの長さで、城壁ともいえる3重の柵を施したもの。使用した材木は、現地調達ができない可能性もあるため、周到に岐阜から兵士に持たせて運んだといわれる。また、最悪を想定し、弾正山を超えた大宮川沿いにも1重柵を造っている。信長は、造営した馬防柵のこちら側から、鉄砲隊の3段撃ちを行ったとされているが、実際に行われたかどうかは定かでない。

※〈長篠城〉1508年に築城された平城。三方を川に囲まれた小城で、長篠の戦いで破損したため、奥平貞昌は新城を築城した。

Chapter 43

関ヶ原の戦い①

直江状による上杉征伐は、家康による三成挙兵の誘い水だったといわれている。しかし、関ヶ原の戦いはこうして始まった。

DATA

- ●東軍：徳川家康（59歳）対西軍：石田三成（41歳）
- ●とき／1600年・慶長5年
- ●場所／岐阜県不破郡関ヶ原町周辺
- ●結果／東軍勝利
- ●メモ／西軍の大谷吉継、島津豊久、平塚為広などが戦死する
- ●主な出来事／この年、イギリス東インド会社が設立される

江戸城で書状による工作を始めた家康

上杉家家臣直江兼続から、家康に一通の返書が届いた。1600（慶長5）年4月、直江状とよばれる返書には、景勝上洛拒否と謀反の意思なしと綴ってある。しかし家康は怒り、6月16日に、諸大名と上杉征伐に大坂城を出発した。この家康出陣を千載一隅のチャンスと思い込んだのが、石田三成だった。

秀吉が亡くなり、前田利家も亡くなった。徐々に家康独走が目につき、三成は豊臣家安泰に危機感を感じていた。そこで7月2日、家康側につくと決めていた大谷吉継と会談。毛利輝元を西軍総大将として、三成は反家康軍の旗を上げた。

一方の家康は、7月2日に江戸城に入城、同月24日に出発。小山で三成挙兵を聞き、小山評定後に江戸へ引き返し、江戸城から各地の武将に書状で呼びかけ、工作を始めた。7月から9月にかけて送られた家康書状数は180通。

準備を整えた後、9月1日、江戸城を出発。遠江、三河、尾張を通り、同月14日、大垣城北西約4kmほどの所にある赤坂の岡山に布陣した。

この日の夜は激しい秋雨。かたや西軍の三成、小西行長、島津義弘は、大垣城から15kmほど先の関ヶ原へ向かう。両軍が徐々に揃うなか、未だ一向に姿を見せない武将が、徳川秀忠だった。秀忠は、9月5日から戦闘を開始した真田昌幸、信繁親子との**上田城の戦い**※にてこずっていた。父の家康は、地団太を踏みながら爪を噛んでいた。家康はイライラすると爪を噛む習性があった。

関ヶ原の戦いへの主な時間経過

	時間経過	進行状況
1600年（慶長5年）	①4月	直江状が家康のもとに届く
	②6月16日	家康は軍を率いて上杉征伐に大坂城を出立
	③7月 1日	家康は江戸城に入城
	④7月 2日	石田三成と大谷吉継が会談
	⑤7月15日	西軍総大将毛利輝元が広島を出発
	⑥7月17日	三成が挙兵を宣言
	⑦7月18日	西軍が伏見城を攻撃（8月1日に陥落）
	⑧7月24日	家康は江戸城を出て上杉に向かって北上
	⑨7月24日	家康が小山に到着。三成挙兵を知る
	⑩7月25日	小山評定を行い、東軍結成を誓う
	⑪7月29日	三成が伏見に到着
	⑫8月 4日	家康が江戸に向けて小山を出発
	⑬8月 5日	家康が江戸城に到着
	⑭8月10日	三成が大垣城に入る
	⑮8月22日	東軍が清洲城に集結
	⑯8月23日	東軍が岐阜城を陥落
	⑰9月 1日	徳川家康が江戸城を出発する。その後、岡崎、清洲へ
	⑱9月 2日	西軍の大谷吉継が関ヶ原に到着
	⑲9月13日	家康が清洲城に入城
	⑳9月14日	小早川秀秋が松尾山山頂に布陣する
	㉑9月14日	家康が赤坂に布陣を敷く。三成ほかの西軍が関ヶ原へ移動開始
	㉒9月15日	東軍最後の家康は午前6時ごろ桃配山に本陣を置いた

戦国豆知識

一言で土佐一国を与えられる

小山城内須賀神社境内に仮御殿を造り、家康、秀忠、福島正則、細川忠興、加藤清正、黒田長政、本多忠勝などが集まり、このまま上杉征伐か、三成に味方か、三成と戦うかを話し合った。その時、福島が立ち上がり、家康に味方すると発言。ただし、福島は、事前に家康から頼まれた黒田に説得されていた。ところが、山内一豊は城も兵糧も献上すると発言した。思わず家康は「対馬の守(一豊)殿、かたじけない」といった。一豊は説得を受けていなかったのだ。喜ぶ家康の咄嗟の本音。この一言によって山内一豊は、家康から土佐を与えられた。

※〈上田城の戦い〉西軍についた上田城の真田昌幸、信繁親子は、関ヶ原へ向かう秀忠軍と戦い、秀忠は関ヶ原に参陣できなかった。

Chapter 44

関ヶ原の戦い②

膠着状態を断ち切ったのは、家康が小早川秀秋に向かって撃った長距離砲だった。そして、この瞬間、勝敗は決まった。

午前11時、三成は合図の狼煙を上げた

前夜の激しい雨は上がり、関ヶ原の早暁は霧に包まれ、敵の旗が見え隠れするような状態だった。午前8時過ぎ、東軍先鋒隊福島正則と、井伊直政、松平忠吉に先陣争いの内輪もめが起きた。そして、宇喜多秀家隊に向けて発砲。戦いが始まった。最初に西軍が陣をはったので、布陣は東軍を囲む形となり、戦況は西軍が有利。とはいえ、膠着状態は続く。

午前11時を過ぎたころ、三成は狼煙を上げた。これを合図に、毛利秀元、小早川秀秋が東軍めがけて突入し、西軍が総攻撃をかけたのだ。なのに2隊は動かず、三成は再度要請するも動かない。この時、島津義弘隊も動かなかった。

そして12時、家康が松尾山の小早川秀秋に向けて、**大鉄砲**※という長距離砲を発砲したのだ。その鉄砲に、家康の怒りを感じた小早川はパニックとなり、思わず「突撃」と叫んだ。ついに動いた小早川隊。それに連鎖した隊が、大谷吉継陣など西軍に攻め込み、流れは一気に東軍となり、勝敗は決まった。

午後2時を過ぎたころ、西軍の島津隊が残っていた。島津隊は、この後「島津の退き口」という驚くべき前代見聞の敵前正面突破で、関ヶ原を後にした。午後4時、兵士が退去した激戦地には、再び雨が降ってきた。残された死体は8千人とも3万人ともいわれ、記録は残されていない。

9月19日に小西行長、その3日後に三成が捕らえられ、そして安国寺恵瓊を加えた3人は、首謀者として、京都六条河原で斬首された。

DATA

■全国に広がる関ヶ原の戦い
- 長谷堂城の戦い
（東軍）最上義光・留守政景 対（西軍）直江兼続
- 福島城の戦い
（東軍）伊達政宗 対（西軍）本庄繁長
- 柳川城攻防戦
（東軍）加藤清正・黒田孝高 対（西軍）立花宗茂
- 宇土城攻防戦
（東軍）加藤清正 対 小西行長

合戦に参加した主な武将

東軍 徳川家康を中心とする8万9千人

・徳川家康(3万人)
・筒井定次(2850人)
・黒田長政(5400人)
・吉田重勝(1020人)
・生駒一正(1830人)
・山内一豊(2058人)
・池田輝政(4560人)
・井伊直政(3600人)
・寺沢広高(2400人)
・藤堂高虎(2500人)
・福島正則(6千人)
・加藤嘉明(3千人)
・細川忠興(5100人)
・金森長近(1140人)
・織田有森(450人)
・有馬豊氏(900人)
・浅野幸長(6510人)
・本多忠勝(500人)
・松平忠吉(3千人)
・京極高知(3千人)
・田中吉政(3千人)

西軍 石田三成を中心とする8万3千人

・石田三成(4千人)
・島左近(1千人 三成隊の前衛)
・蒲生郷舎(1千人 三成隊の前衛)
・秀頼麾下(2千人 黄母衣衆の部隊)
・島津義弘(750人)
・島津豊久(750人 義弘にほぼ同行)
・小西行長(4千人)　・宇喜多秀家(1万7千人)
・戸田重政・平塚為広(900人)
・大谷吉継(600人)
・大谷吉勝・木下頼継(3500人)

……………… 南宮山周辺部隊 ………………

・毛利秀元(1万5千人)　・吉川広家(3千人)
・安国寺恵瓊(1800人)　・長束正家(1500人)
・長宗我部盛親(6600人)

寝返り軍 東軍に寝返り

・赤座直保(600人)　・小川祐忠(2千人)　・朽木元綱(600人)
・脇坂安治(1千人)　・小早川秀秋(15600人)

関ヶ原の戦い後の主な武将の契約更改(推定)

	武将名	戦後の契約更改内容
東軍	徳川家康	256万石→400万石
	加藤清正	20万石→ 52万石
	黒田長政	18万石→ 52万石
	藤堂高虎	8万石→ 20万石
	細川忠興	18万石→ 40万石
	福島正則	20万石→ 50万石
	池田輝政	15万石→ 52万石
	前田利長	84万石→120万石
	浅野幸長	16万石→ 38万石
	最上義光	24万石→ 57万石
	伊達政宗	58万石→ 60万石
	小早川秀秋	36万石→ 51万石
西軍	石田三成	斬首・領地没収
	上杉景勝	120万石→米沢30万石に減封
	佐竹義宣	55万石→秋田18万石に減封
	大谷吉継	戦死
	増田長盛	高野山へ追放
	宇喜多秀家	領地没収・流罪で遠島
	長宗我部盛親	領地没収。変わって山内一豊が赴任
	毛利輝元	121万石→31万石に減封
	島津義弘	全領安堵
	小西行長	斬首・領地没収

戦国豆知識

関ヶ原で戦っていたのは1/3の人たち

16万とも17万ともいわれる軍勢が集まった関ヶ原の戦い。でも、実際に戦場で戦っていたのは1/3ぐらいといわれる。だから、かなりの隊が、東・西どちらが得かを決めかねていたことになる。また、戦っている武将も、軍勢が多くて細かい戦略を立てられず、目の前の敵を倒すことに終始していた。なお、鉄砲も大量に使用され、約2万5千挺が関ヶ原に持ち込まれていた。ちなみに、ヨーロッパ全域の所有数は3万挺だから、関ヶ原には、ほぼヨーロッパ全土の銃があったことになる。なお、当時の日本には5、6万挺があったとされる。

※〈大鉄砲〉大砲に近い兵器で重量は60kg程。音量は1km先にも聞こえるから、当日はこれでないと小早川には聞こえなかった。

Chapter 45

小田原城の戦い

秀吉の天下統一が成った戦いといわれる小田原征伐には、各地から多くの武将が集結し、軍勢が22万人にもなった。

DATA

- 豊臣秀吉（54歳）対 北条氏政（53歳）・氏直（29歳）
- とき／1590年・天正18年
- 場所／神奈川県小田原市
- 結果／秀吉軍の勝利、北条氏は降伏する
- メモ／北条氏政・氏照は自害、氏直は高野山へ追放。秀吉軍の堀秀政は病死する
- 主な出来事／この年、遣欧使節が帰国し、印刷機を伝える

北条氏の支城を順に落としていく作戦

惣無事令《そうぶじれい》が出ていたが、1589（天正17）年、沼田城の北条勢は、真田領の名胡桃城《なぐるみじょう》を攻撃した。北条親子の態度に、豊臣政権に従う意思なしと判断した秀吉は、同年11月、北条氏に宣誓布告状を送った。これを受け北条氏は、領内に出陣命令を発し、秀吉との対決に打って出た。そして12月10日、兵役の割り当てや兵糧輸送などを計画し、小田原城での籠城準備を進め、東海道筋にある韮山城、山中城、足柄城の軍事強化を図っていった。

天皇から北条征伐の勅許を得た秀吉は、全国の諸大名を召集。3月1日、3万2千人を従えて京都を出発。他にも家康、石田三成、前田利家、上杉景勝など多数の武将が集結、その数は22万人となっていた。一方の北条勢は5万6千人。

秀吉は、籠城戦になると考え、城を孤立させるために、各支城を順に降伏させていく作戦をとった。圧倒的な数で、秀吉軍は山中城を半日で落城、ついで韮山城、足柄城を落として小田原城を包囲。さらには松井田城、岩付城、鉢形城などを降伏、開城させ、小田原城から3㎞先に※**一夜城**の石垣山城まで建設した。強さと権力を北条氏に見せつけたのだ。

秀吉の巨大さを目の当たりにした氏政親子は、7月6日に氏直が降伏、小田原城は開城となった。ここに北条早雲から5代とほぼ100年続いた北条氏は幕をおろし、秀吉の天下統一が決定した攻防戦とされている。なお、北条氏の敗北は、5代100年を過信し、秀吉の力を甘くみた結果ゆえといわれる。

小田原城の戦いへの主な時間経過

時間経過	進行状況
①2月10日	徳川家康が駿府を、上杉景勝が春日山城をそれぞれ出発
②2月20日	前田利家が金沢を出発
③3月　1日	秀吉が京都聚楽第を出発
④3月29日	山中城が半日で落城。以後、秀吉軍は各支城を落城させていく
⑤6月　5日	伊達政宗が死装束で小田原に着陣する
⑥6月26日	一夜城とよばれる石垣山城が完成
⑦7月　6日	氏直が降伏する
⑧7月11日	北条氏の処罰が行われる ※氏政は切腹、氏直は高野山へ追放
⑨7月13日	秀吉は小田原城で家康に関八州を与えることを表明
⑩7月16日	忍城が開城して小田原城攻めが終了

次々に落とされていく北条氏の城

城名	状況
①山中城	3月29日落城
②厩橋城	4月19日落城
③松井田城	4月20日落城
④玉縄城	4月22日降伏
⑤江戸城	4月22日開城
⑥下田城	4月23日開城
⑦河越城	5月　3日落城
⑧岩付城	5月22日落城
⑨鉢形城	6月14日開城
⑩八王子城	6月23日落城
⑪韮山城	6月24日開城
⑫津久井城	6月25日開城
⑬小田原城	7月　6日開城
⑭忍城	7月16日開城

合戦に参加した主な武将

豊臣秀吉軍

約22万人

- 徳川家康（3万人）
- 東海道北上軍（14万人：石田三成、細川忠興、蒲生氏郷、豊臣秀次、織田信雄ほか）
- 北国勢（3万5千人：前田利家、上杉兼勝ほか）
- 水軍（1万4千人：九鬼嘉隆、長宗我部元親ほか）

北条氏政軍

約5万6千人

- 北条氏照（八王子城主）
- 松田憲秀（家臣）
- 北条氏房（岩付城主）
- 上田朝広（松山城主）
- 内藤綱秀（津久井城主）

戦国豆知識

小田原城を攻めるにあたり

小田原評定で、北条氏は籠城か出撃して野戦かを話し合い、老臣松田憲秀の主張により籠城と決定した。かつて、信玄や謙信を籠城戦で退けた前例と自信があったのだ。秀吉は戦いが長引くことを考えた。そこで、①米雑穀20万石を集め、さらに黄金1万枚で米50万石を集めた。②道路や橋梁を整備し、通信手段として各宿場に伝馬、飛脚を置いた。③九鬼や長宗我部の水軍を利用して食料輸送を行った。また、退屈しのぎに千利休を同伴して、淀君を呼び寄せ、諸大名にも妻の呼び寄せを認め、石垣山城に諸大名を集めて茶会を催している。

※〈一夜城〉約80日間で笠懸山に建造。作業は樹木に隠れて行い、築城後に樹木を取り払った時は、北条氏には1日で完成したように見えた。

近畿・中国地方の主な戦い

信長の全国統一に向けての合戦は、信長包囲網や、一向一揆衆、石山本願寺合戦などで一時苦戦を強いられるが、秀吉の毛利攻めともいえる中国進出で、信長勢力は拡大していく。

本能寺の変

●1582（天正10）年●明智光秀対織田信長。光秀の謀反とよばれるもので、天下統一を前に、信長は本能寺で自害する。

賤ヶ岳の戦い

●1583（天正11）年●羽柴秀吉対柴田勝家。信長の後継者問題で対立した秀吉と勝家。賤ヶ岳では佐久間盛政の暴走と前田利家の裏切りにより、勝家は妻のお市と自害する。

姉川の戦い

●1570（元亀元）年●浅井長政・朝倉義景対織田信長・徳川家康。浅井長政が信長を裏切ったことで、姉川を戦場にした戦いが始まる。その後、小谷城の戦いに発展する。

伊勢長島の戦い

●1570（元亀元）年～1574（天正2）年●織田信長対一向一揆。1570年に始まった一向一揆のなかでも、柴田勝家が負傷するなど、信長は何度も苦しめられる。

東大寺大仏殿の戦い

●1567（永禄10）年●松永久秀対三好三人衆。三好三人衆が足利義輝を暗殺したことで、両者の結束は対立に変化し、東大寺を舞台に戦うことになる。

槙島城の戦い

●1573（元亀4）年●織田信長対足利義昭。義昭は打倒信長を掲げるが失敗。3ヶ月後再び挙兵して槙島に籠るも、信長軍に包囲され、降伏。室町幕府の終焉となる。

備中高松城の戦い

●1582（天正10）年●羽柴秀吉対城主清水宗治。信長の命で秀吉が毛利配下の宗治が守る備中高松城を水攻めする。途中で本能寺の変を知り、急遽和睦して中国大返しが始まる。

山崎の戦い

●1582（天正10）年●羽柴秀吉対明智光秀。本能寺で信長が討たれたことを知った秀吉は、備中高松城の戦いで和睦し、中国大返しで京都へ戻り、天王山の山崎で光秀を討つ。

厳島の戦い

●1555（天文24）年●毛利元就対陶晴賢。大内義隆の家臣だった晴賢が義隆を自害させたことにより、大内氏に従ってきた元就が晴賢に戦いを挑んだ。結果は村上水軍を援軍にした元就が勝利する。

石山合戦

●1570（元亀元）年～1580（天正8）年●織田信長対石山本願寺。本願寺が、信長包囲網に加担したことで信長との対立が始まる。10年後に朝廷が斡旋して講和が成立する。

大坂の陣

●1614（慶長19）年～1615（慶長20）年●徳川家康対豊臣秀頼。冬の陣と夏の陣が行われ、戦いが終了後、幕藩体制が確立される。秀頼方は、関ヶ原の戦いで負けた者が多かった。

Chapter 46

姉川の戦い

長政の信長への裏切りに端を発して起こった戦い。横山城をめぐる姉川での戦いは、9時間にも及んだ。

DATA

●織田信長（37歳）・徳川家康（29歳）対浅井長政（26歳）・朝倉義景（38歳）
●とき／1570年・元亀元年
●場　所／滋賀県長浜市野村町
●結　果／織田・徳川連合軍の勝利
●メ　モ／織田信治（信長の弟）、浅井政之（長政の弟）、森可成などが戦死する
●主な出来事／この年ポルトガル船が、長崎で初めて交易を行っている機を伝える

信長の手紙によると壮絶な戦いだった

信長は1570（元亀元）年4月、越前の朝倉義景討伐に京都を出発。そして、義景本陣の一乗谷に迫った時、信じられない出来事が起こった。浅井長政が信長を裏切り、後方から攻めてきたのだ。慌てた信長は一旦京都へ引き返し、3万人の兵とともに岐阜城に戻った。

妹お市を嫁がせ、義兄弟と思っていた長政を信長は許せず、家康に援軍要請し、浅井討伐の準備に入る。長政も義景に援軍を頼み、戦いの幕は上がった。

6月、長政討伐に向かった信長は、**小谷城**※前面の虎御前山に陣を敷く。けれど長政居城の小谷城は堅固だった。そこで姉川南岸方面の横山城を包囲し、長政誘導を考えた。その後、信長援軍の家康軍が姉川南岸に、北岸には長政の援軍義景軍が布陣し、横山城をめぐる姉川の戦いは、6月28日午前5時過ぎに始まった。浅井・朝倉軍は川を渡って突進。勢いは浅井・朝倉軍が勝り、信長本陣へ向かうが、軍勢数の不利で、午後2時には敗走を余儀なくされた。

小谷城の鉄壁さを感じた信長は、横山城を開城させ、城番として秀吉を置く。また、小谷城の見張りを兼ねて虎御前山に砦を築き、戦いに終止符を打った。その後信長は、囲い込みで、比叡山、本願寺、武田、毛利などとの戦いを強いられるが、3年後、再び長政と小谷城決戦をすることになる。

姉川の戦いが終わった後、信長は細川藤孝に手紙を書いている。その文面には「野も田畠も死骸ばかりに候」とある。特に北岸に多かったともいわれる。

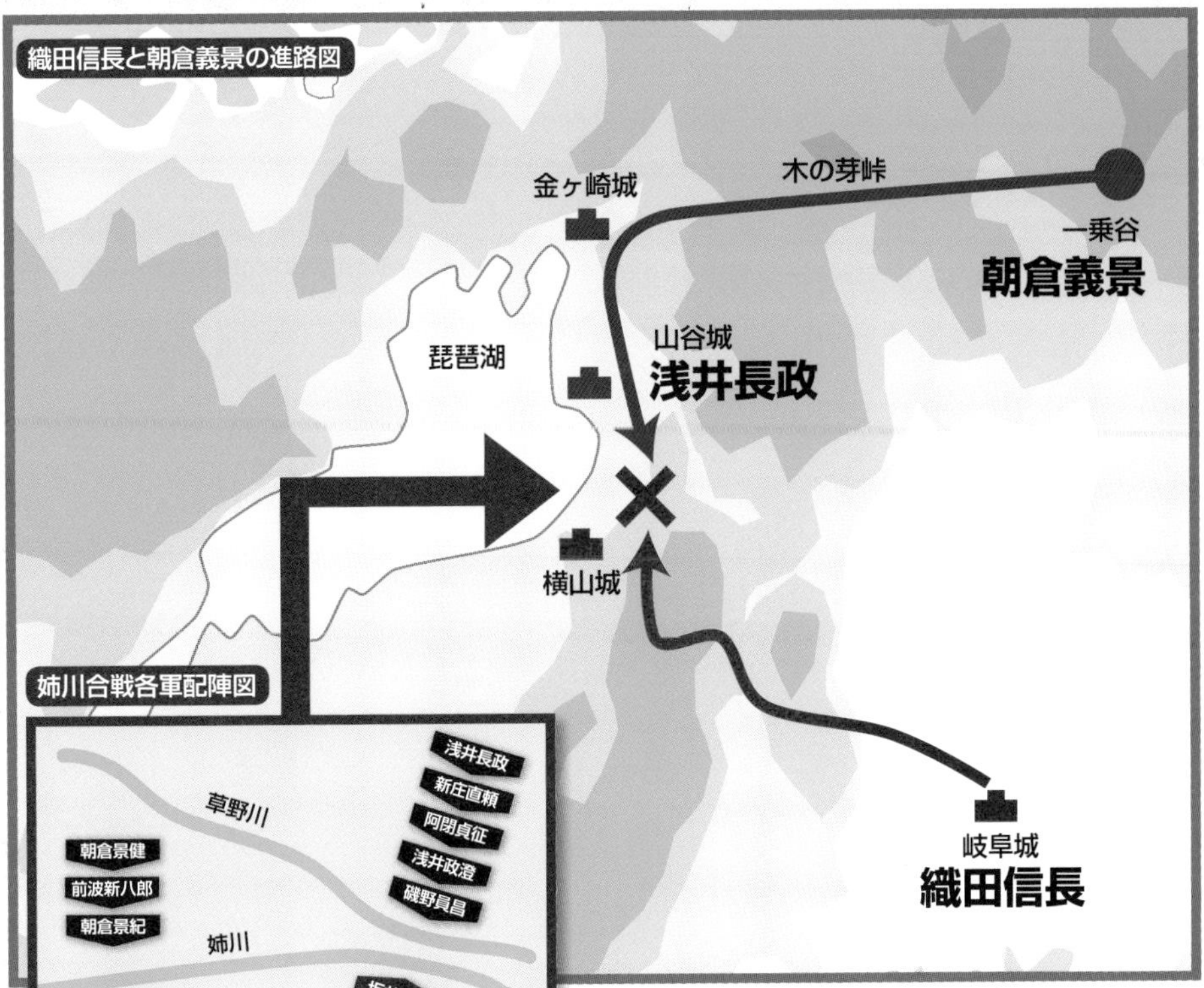

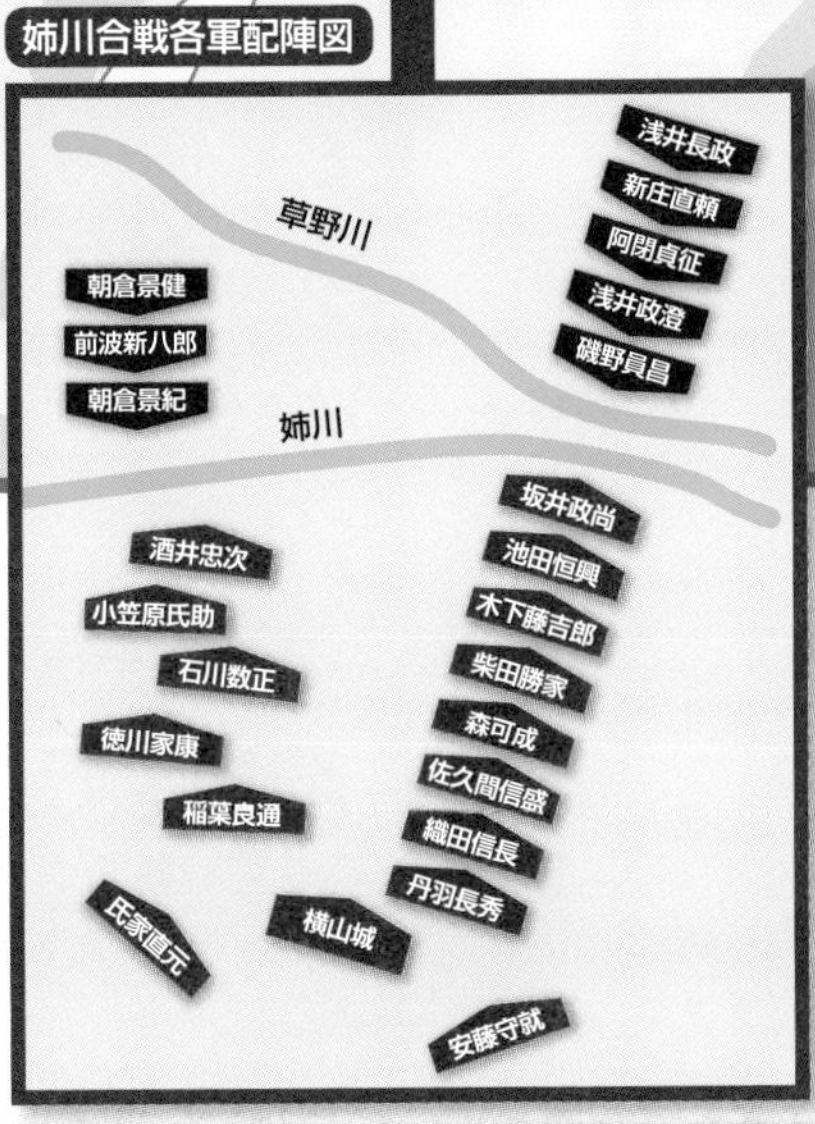

家康軍の活躍で信長は勝利する

戦いは、磯野員昌の活躍で、池田恒興隊、秀吉、柴田勝家と破れ、浅井軍が信長本陣に迫る勢い。そのとき、家康軍が姉川を渡って朝倉本陣へ。危険を感じた朝倉軍は敗走し、家康軍の勢いで退路を絶たれることを恐れた長政軍は、小谷城に撤退。以後、長政は身動きがとれなくなる。

戦国豆知識

浅井氏の滅亡

1573(元亀4)年、信長は再び小谷城を攻める。今回は5万人という大軍勢で、最初に、長政の援軍朝倉勢の進路を塞ぎ、小谷城へ行けずに退去する義景を追い、自害させている。小谷城が山城といえども、援軍もなく軍勢も乏しくなると、落城は時間の問題。抵抗を試みるも、父久政が自害。長政もやがて自害して果てる。長政が、信長を裏切ったことで始まった姉川の戦いは、小谷城の戦いで、3代続いた浅井氏は滅亡し、幕をおろす。何故、長政が信長を裏切ったのか。一説には、浅井家は朝倉家の家臣だったからという話もある。

※〈小谷城〉標高約495mの小谷山から南へ続く尾根筋に築城。5代山城のひとつで、長政とお市の居城でもあった。

Chapter 47

賤《しず》ヶ《が》岳《だけ》の戦い

信長亡き後の清洲会議、決定権は、山崎の戦いで明智光秀を討った秀吉に、無言の力があった。

DATA

- 羽柴秀吉（47歳）対 柴田勝家（不詳）
- とき／1583年・天正11年
- 場所／滋賀県長浜市賤ヶ岳周辺
- 結果／羽柴秀吉軍の勝利
- メモ／柴田勝家・お市の方は自害、佐久間盛政は斬首の刑、織田信孝は自害する
- 主な出来事／この年、秀吉は大坂城を築城している

利家の戦線離脱で流れは秀吉へ

1582（天正10）年6月に行われた清洲会議は、信長の長男信忠の子三法師（後に秀信）が、信長亡き後の後継者と決まった。推したのは秀吉、同席した丹羽長秀、池田恒興も従った。3男の信孝を推す柴田勝家は会議に負けた。

清洲会議を終えた秀吉は、大規模な**信長葬儀**※を執り行い、これを独走とみた勝家が、秀吉の行動に危機感を抱き、滝川一益、佐々成政などと反秀吉派の結束を固めていく。一方の秀吉は、12月に長浜城をおさえ、翌年3月、7万5千人の大軍を従え、賤ヶ岳の麓の木之本に陣をはる。一方の勝家も、2万人で内中尾山に布陣。牽制して1ヶ月の膠着状態が続いた。その時、秀吉に降伏していた信孝が一益と組んで挙兵、岐阜城下へ進出した。秀吉は早速2万人の軍で美濃へ向かい、ここで戦局が一気に動き出す。

秀吉がいないと知ると、佐久間盛政は中川清秀を討ち、高山右近が退去。その勢いで、勝家の撤退命令を無視。軍勢を大岩山に置き続けた。これを聞いた秀吉が、13里を5時間で戻る「大返し」をやってのけ、盛政を威嚇。慌てた盛政が退去を始めると、今度は前田利家が戦わずして戦線離脱。すると、利家に呼応して離脱者が続出し、勝家軍も逃げるように北ノ庄城へ撤退。戦いは秀吉勝利で終わった。

勝家は、利家先鋒の秀吉軍に城を包囲され、翌日、妻のお市の方と自害。勝家が推した信孝は切腹となり、信長家臣の武将たちは、次第に秀吉家臣へと変わっていき、天下統一へ向かい始める。

賤ヶ岳の七本槍

秀吉は、この戦いで功績を挙げた者の中から7人を選び、後に賤ヶ岳の七本槍と名付けた。我が部下を誇示したいという狙いがあったされるが、福島正則は、同格にされることを嫌ったともいわれている。

❶福島正則（1561年～1624年）
❷加藤清正（1562年～1611年）
❸加藤嘉明（1563年～1631年）
❹脇坂安治（1554年～1626年）
❺平野長泰（1559年～1628年）
❻糟屋武則（1562年～1607年）
❼片桐且元（1556年～1615年）

合戦時の勢力図

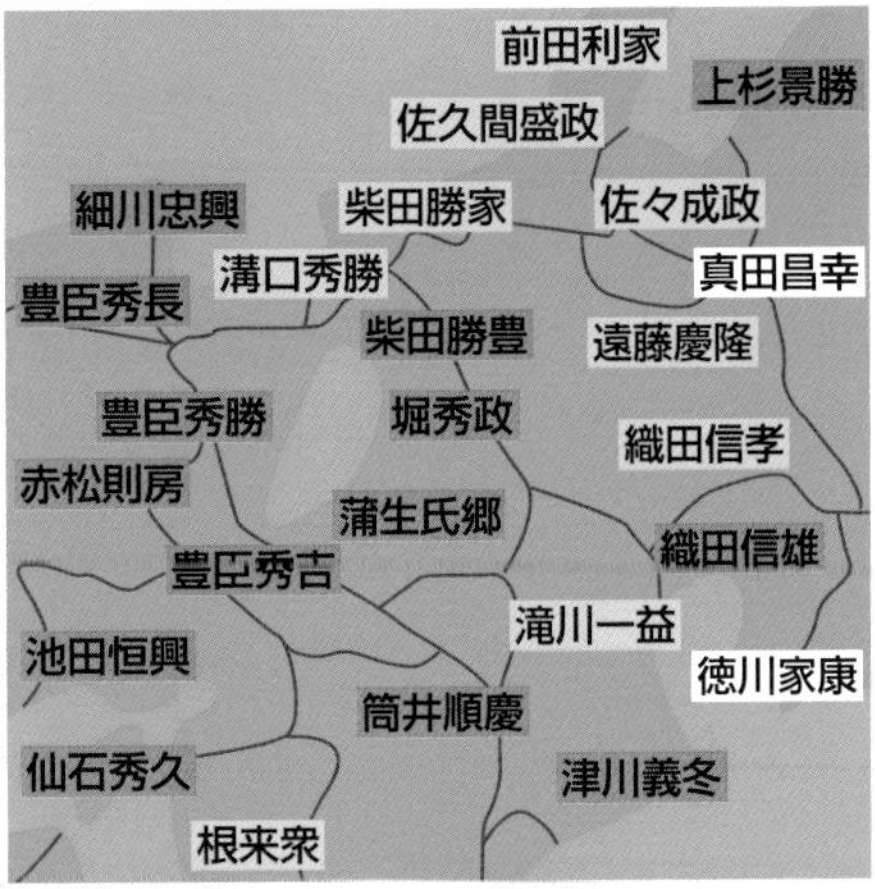

◀お市の方

柴田勝家とともに亡くなった「お市の方」と娘の茶々。茶々は後に秀吉の側室となる

茶々▶

合戦に参加した主な武将

羽柴秀吉軍
約4万人
・羽柴秀長　・高山右近　・丹羽長秀　・堀秀政
・中川清秀　・酒井忠次

×

柴田勝家軍
約2万人
・柴田勝政　・前田利家　・佐久間盛政
・金森長近　・原長頼

戦国豆知識

武将の死生観

佐久間盛政は、武勇に長けていたことで鬼玄蕃とよばれていた。賤ヶ岳の戦いでは中川清秀を奇襲で討ち、叔父の勝家に貢献したが、退去命令を聞かなかったことが、勝家敗因のひとつといわれている。戦いの後、秀吉は、勇猛さに惚れて家臣になることを薦めるが、盛政は、織田家、柴田家の恩を重んじ、誘いを断って斬首の刑に処せられた。「鬼玄蕃のあなたが、戦いに敗れた時、何故自害しなかった」と問われると、「源頼朝も敗れた時は逃げ延び、後に大事をなしたではないか」と答えた。享年30歳。戦いには、武将の死生観が垣間見えてくるものだ。

※〈信長葬儀〉秀吉によって京都大徳寺で行われ、遺体がないため、木像を2体作り、1体は棺の中へ、もう1体は寺に安置した。

Chapter 48

本能寺の変

家康の接待役を突然解任された光秀は、
信長に、秀吉の応援のため、急遽中国攻めを命じられる。

DATA

- 明智光秀（52歳）対 織田信長（49歳）
- とき／1582年・天正10年
- 場所／京都府京都市中京区
- 結果／明智光秀軍の大勝
- メモ／織田信長、森蘭丸は本能寺で、織田信忠は二条御所で戦死
- 主な出来事／この年、大友・大村・有馬氏はローマ法王の使者を派遣する（天正遣欧使節）

信長はのんびり お茶会を楽しんでいた

1582（天正10）年5月、安土城の信長に、秀吉からの応援要請が届いた。秀吉は5年前から中国征伐に出ていて、毛利軍と最終局面を迎えていた。要請は、秀吉独特の信長へのサービス精神で、殿に勝利の場面に立ち合わせようというものだった。

信長は、家康訪問の接待役に明知光秀をあてたが、突然、光秀に対し、秀吉の応援に行くよう命じる。このことで、光秀は接待役をお役御免となる。

一旦、坂本城に戻った光秀は、丹波亀山城に移って出陣準備を始め、その後、※**愛宕権現**に参篭して、28日、29日に連歌の会を催す。自らも「時は今　天が下知る　五月哉」という句を残した。一方の信長は、小姓百人ほどを引き連れて、29日、安土城から本能寺へやって来た。

6月1日、信長は本能寺で公家衆とお茶会を楽しんだ。信長自身、秀吉の待つ中国へは、6月4日に出発する予定だったという。

光秀は同日夕刻、1万5千人の兵とともに丹波亀山城を出発、京都へ向かう。信長殿に会ってから、と聞かされていたので家臣は疑問を感じないまま2日未明、桂川を渡る。

本能寺に入った兵の物音で目を覚ました信長は、光秀の謀反と聞かされた。応戦したが叶うはずもなく、本能寺の煙の中に消えていった。

※この時光秀は、8km南の鳥羽で控えていたという説がある。

本能寺の変が起こるまでの2週間

月	日	時	出来事
5月	17日		光秀が家康の接待役を解任され、中国征伐の秀吉の応援を命じられる
	26日		丹波亀山城で、中国への出陣準備を始める
	27日		愛宕権現に参拝する
	28日		愛宕山中で連歌の会を催す（29日も行う）
	29日		中国征伐のため、信長が100人ほどの供と、安土城から本能寺へ入る。この時、嫡男信忠は妙覚寺へ入る
6月	1日		本能寺において、信長はお茶会を催す。安土城から持参した茶器の自慢を、公家にしたといわれる
		夕方	光秀は1万5千人の軍を従えて、丹波亀山を出発する。京都までは22km沓掛峠に来た時、「殿に会って行く」と行って京都をめざす。数名の重臣には、道中のいずれかで、信長に戦いを挑むことを告げる
		深夜	桂川を渡る
	2日	未明	本能寺北方の地蔵院に到着。夜明けを待って本能寺へ
		朝の4時ころ	本能寺に集結。戦いが始まるまもなく、信長が気付き戦うが、傷を受け、炎のなかで切腹。本能寺の戦いはあっという間に終わった
		午前中	妙覚寺にいた信忠は、三法師を信長の弟に預けて京都脱出を頼み、自らは1500人の兵で明智軍と二条城で戦うが、力尽きて自刃する

明智光秀の動き

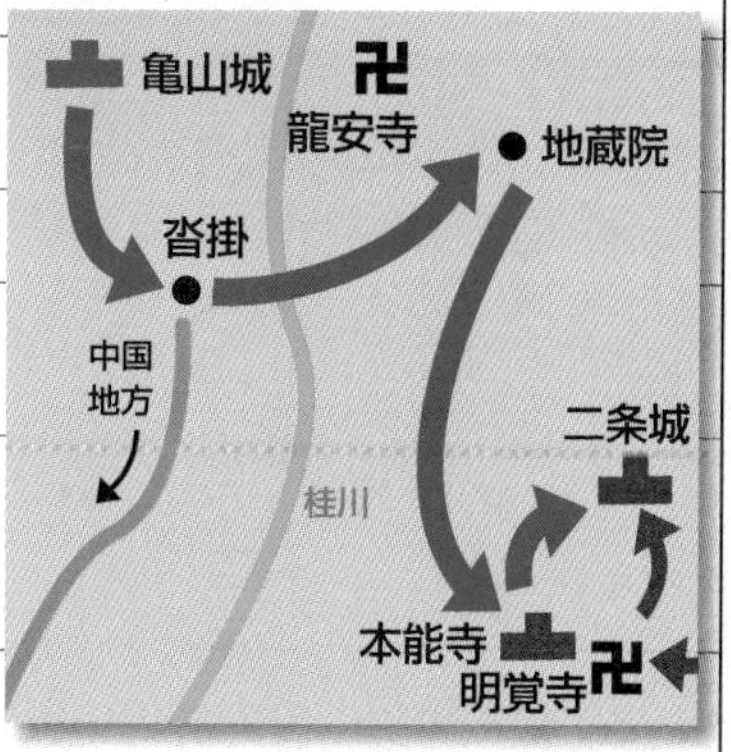

戦国豆知識

信長の子ども

信長の子どもは、男子が12人、女子が10人、そして3人の養女となっている。信長後継者とされた信忠の母は久庵慶珠と言われるが定かではない。その子の三法師が、後に信長亡き後の清洲会議で、秀吉が推す後継者となる。秀吉の「秀」をとって信秀と名乗り、関ヶ原の戦いでは西軍につき、その後、高野山に蟄居している。なお、信長が光秀に討たれた時、信忠は二条城にいたことで、同日、光秀に討たれてしまう。女子では、次女の相応院が蒲生氏郷に嫁いだ。氏郷は、本能寺の変が起きた時、いち早く、安土城にいた信長の妻子を保護している。

※〈愛宕権現〉愛宕山の山岳信仰と修道僧が融合した神仏習合をいう。京都の愛宕山は、火難除けや盗難除けの神と信仰された。

Chapter 49

山崎の戦い

信長の次男信雄でさえ呆然とした秀吉の「中国大返し」。勝った者が天下を制する天王山、勢いも軍勢の数も秀吉が勝っていた。

高松から僅か6日で京都に着いた秀吉

中国征伐に来ていた秀吉は、6月4日の備中高松城の開城を待っていた。そんな時、たまたま毛利方密使を捕らえ、初めて信長訃報を知る。秀吉は驚いたが、信長の死を毛利方に知られる前にことを進めようと、素早く毛利との和睦講和を完了させ、6日午後撤退開始。秀吉の中国大返しのはじまりである。

はじめは、高松から姫路城までの約90㎞強を2日で駆け抜け、姫路城で休息して軍備を整えた後、明石に向かい、大坂では四国攻略に来ていた織田信孝、丹羽長秀、池田恒興に参陣を求め、中川清秀、高山右近の秀吉への寝返りなどで軍勢は大きく膨らんでいった。そして同月12日、天王山西麓の富田に到着。そこで軍議を行い、※**天王山**の麓の山崎に兵を集結させた。ここまでの距離約200㎞。大軍を率いてもなお、1週間で着いたことになる。

一方の光秀は、13日に勝龍寺城から御坊塚に移動。両者は桂川支流の円明寺川を挟んで午前中は睨み合っていた。

局面が動いたのは午後4時ごろ。明智軍の松田隊と並河隊が、天王山東麓に陣取る中川清秀隊に攻撃を仕掛け、戦いがはじまった。そして2時間、兵力差で圧倒する秀吉軍が光秀軍を後退させ、光秀は勝龍寺城に退去。その後、秀吉連合軍が城を包囲するが、光秀の姿はなかった。光秀は再起を図るために脱出し、居城の坂本城へ逃げ延びようとしていた。けれど逃走途中に土民に発見され、その場は逃れるが、家臣の介錯で自刃したと伝えられている。

DATA

- ●羽柴秀吉(46歳) 対 明智光秀(55歳)
- ●とき/1582年・天正10年
- ●場所/大阪府三島郡島本町山崎と京都府乙訓大山崎町との境周辺
- ●結果/羽柴秀吉軍の勝利
- ●メモ/明智光秀は逃走中に死亡
- ●主な出来事/この年、スペイン、ポルトガルでグレゴリウス暦が採用される

秀吉の中国大返し

日時		経過状況
●6月3日		**秀吉は信長の訃報を知る**
①6月 4日		毛利軍との和議を結ぶ
②6月 6日	朝	高松城を出発。沼城で休息。翌朝出発
③6月 7日	夜	居城の姫路城到着後、戦闘準備と休息
④6月 9日	早朝	明石に出発
⑤同 日	夜	明石に到着、翌朝出発
⑥6月10日	夜	兵庫に到着、翌朝出発
⑦6月11日	午後	尼崎に到着後休息し、翌朝出発
⑧6月12日	夜	天王山西麓の富田に到着して軍議を行う。その後、山崎に軍を集める
⑨6月13日	午後4時	山崎の戦い

光秀は、居城の坂本城へ逃げ延びようとするが、13日に山中で亡くなったとされる

円明寺川を挟んで対峙する両軍

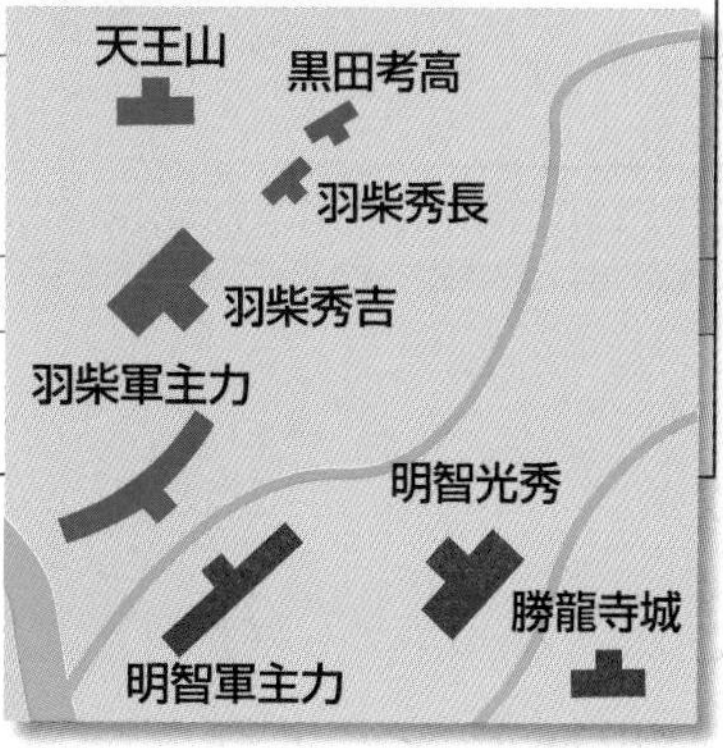

秀吉に加担した筒井順慶

光秀が頼りにした順慶は、興福寺の僧兵から成り上がった武将で、信長に臣従する際は、光秀が仲介したとされる。光秀とは親戚関係（妻が光秀の妻の妹）にあり、近畿地区の大勢力だったが、順慶は秀吉に加担した。

合戦に参加した主な武将

羽柴秀吉軍

約4万人

・羽柴秀吉　・羽柴秀次　・中川清秀　・黒田孝高
・高山右近　・池田恒興　・堀秀政

×

明智光秀軍

約1万5～6千人

・明智光秀　・松田政近　・並河掃部　・斎藤利三
・柴田勝三　・明智茂朝　・伊勢貞興

戦国豆知識

本能寺の変後の光秀の動き

本能寺で信長を、二条城で信忠を討った光秀は、最初に京都の治安を維持させ、その後、京極高次らを近江へ派遣、一部を平定した。他にも、美濃の西尾光教を味方にして大垣城を占領させ、越後の上杉景勝には使者を送り、朝廷には銀子5百枚を献上したりもしている。ところが、親戚関係にあった細川藤孝、忠興親子には参陣を拒否され、信頼を寄せていた筒井順慶にも応援を頼むが、順慶は応じず。そうこうしているうちに、秀吉の進攻を知る光秀。その速さは想定外で、その分、態勢不十分なまま、山崎の戦いに突入していかざるをえなかった。

※〈天王山〉京都盆地西辺の西山山系南端に位置する山。光秀と秀吉の戦いの場となったことで、天下分け目の戦いと比喩する。

Chapter 50

大坂の陣

応仁の乱を前後してはじまった戦国武将同士の争いは、大坂の陣を最後として幕を下ろした。

DATA

●徳川家康（73歳・74歳）対 豊臣秀頼（22歳・23歳）
●とき／◆大坂冬の陣：1614年・慶長19年 ◆大坂夏の陣：1615年・慶長20年
●場所／大阪府大阪市中央区大坂城公園内周辺
●結果／徳川家康軍の勝利
●メモ／真田信繁、木村重成、後藤基次（又兵衛）などが戦死する。豊臣秀頼と淀殿は自害する

秀頼軍は出城の真田丸で徹底抗戦

関ヶ原の戦い後、家康は征夷大将軍、後継者は秀忠と決まっても、豊臣家は、秀頼が60万石を有して大坂城にいた。家康は、豊臣家の存在が不安だった。

1614（慶長19）年、家康は、秀頼が行う方広寺大仏開眼供養に難癖をつけた。この問題は、大坂城を、家康と和議する穏健派と、臣従は不快とする強硬派に2分させた。穏健派は城を出て強硬派が残り、交渉は難航。秀頼は、秀吉恩顧の大名に支援要請するも応じる者なく、衝突やむなしへと発展した。

同年10月11日、ついに家康は駿府を出発。他の武将も続々大坂へ進軍。難攻不落の大坂城は、20万人の大軍に包囲され、冬の陣のはじまりとなった。

秀頼軍は、真田信繁が、城の南側に出城の**真田丸**※を造り徹底抗戦。家康は和睦して戦いは休戦状態となる。翌年、家康の巧みな交渉と難癖で南側の堀は埋められ、真田丸も消滅。裸同然の大坂城攻防がはじまった。夏の陣である。

5月7日、家康本隊が大坂城下の平野に陣をしいた。信繁は3千5百人の兵を率いて家康本陣に突入。家康は追い詰められてあわやとなったが、勇敢な後藤基次、木村重成らとともに戦場に散っていった。

圧倒的軍勢数に屈した秀頼軍は、徐々に崩れ、秀頼、淀殿親子は助命嘆願をしたが受け入れられず、2人は城内で自刃して果てた。戦いが終わり、豊臣家は滅びた。大名すべてが徳川幕府に臣従となり、戦いに終始した時代に幕が下ろされた。翌年家康は、安心したかのように、静かに永遠の眠りについた。

様々な大坂の陣　＊大坂城周辺での合戦

①大和郡山城の戦い
②若江の戦い
③八尾の戦い
④道明寺の戦い
⑤大坂城の戦い
⑥天王寺・岡山の戦い
⑦堺焼打ち
⑧樫井の戦い

家康と秀頼の関係図

大坂の陣は、家康おじいちゃんと孫娘の夫との戦争だった。

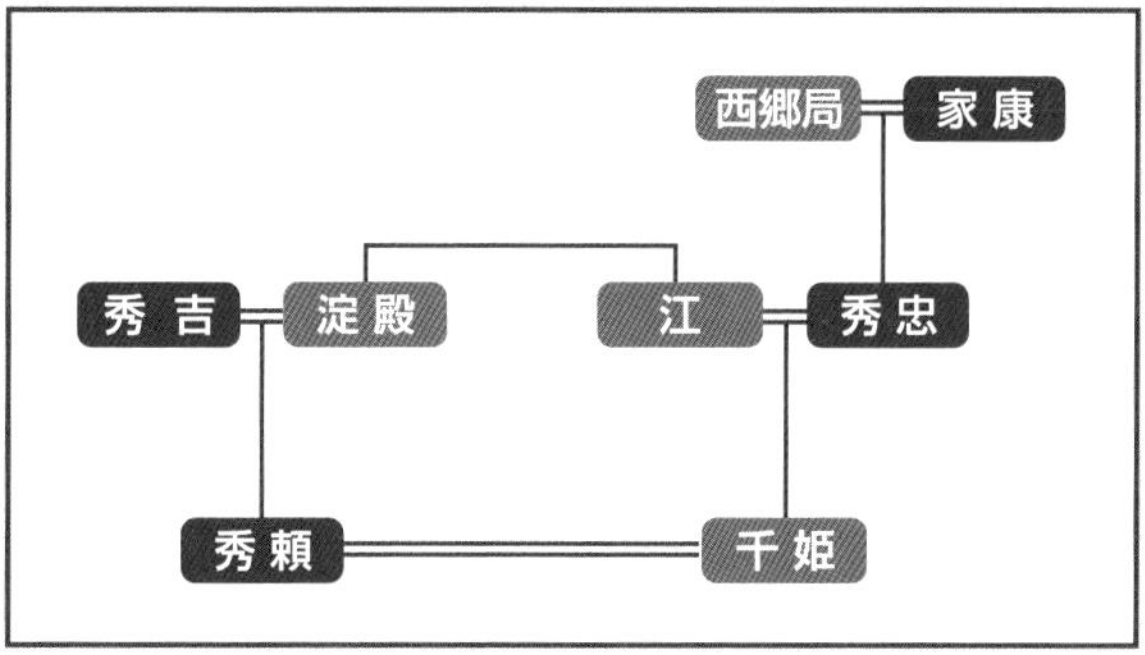

豊臣方の主な人物

豊臣方に参加した武将のほとんどが関ヶ原の戦いで敗れた浪人だった。

・豊臣秀頼（23歳）	・大野治房（不明）	・長宗我部盛親（41歳）	・真田信繁（49歳）
・淀殿（49歳）	・木村重成（21歳?24歳?）	・毛利勝永（不明）	・塙直之（49歳）
・千姫（19歳）	・薄田兼相（不明）	・明石全登（不明）	・大谷吉治（35歳?）
・大野治長（不明）	・三好政康（不明）	・後藤基次（又兵衛）（56歳）	・細川興秋（32歳?）

合戦に参加した主な武将

徳川家康軍

約15万5千人

・徳川家康　・徳川秀忠　・細川忠興　・藤堂高虎
・伊達政宗　・前田利常

豊臣秀頼軍

約5万5千人

・豊臣秀頼　・大野治長　・真田信繁（幸村）
・大谷吉治　・塙直之　・細川興秋

戦国豆知識

家康も恐れた5人の浪人

関ヶ原の戦い後、各大名は家康軍になってしまったため、秀頼軍は、元西軍で、そのとき浪人中の者たちに声をかけ、大坂城に集結させた。そのなかには浪人5人衆とよばれる、家康も恐れた者たちがいた。①真田信繁：戦後九度山の幽閉。②長宗我部盛親：土佐国を山内一豊に取って変わられる。③後藤基次（又兵衛）：黒田長政と意見対立で浪人になる。家康に誘われるが大坂方につく。④毛利勝永：小倉6万石の大名だったが改易。⑤明石全登：宇喜多秀家の家臣だったが、宇喜多家は没落した。他にも大谷吉継の子吉治もいた。

※〈真田丸〉真田信繁が造った曲輪型の出城。大坂城南方は平坦なため防御が手薄だった。そこで真田丸で攻防にあたった。

四国・九州地方の主な戦い

大友宗麟、島津義久、龍造寺隆信らが統一に向けて合戦を続ける九州地方、そして、長宗我部元親による四国統一も、その後、兵力数の多さで攻めてくる秀吉軍に降伏することになる。

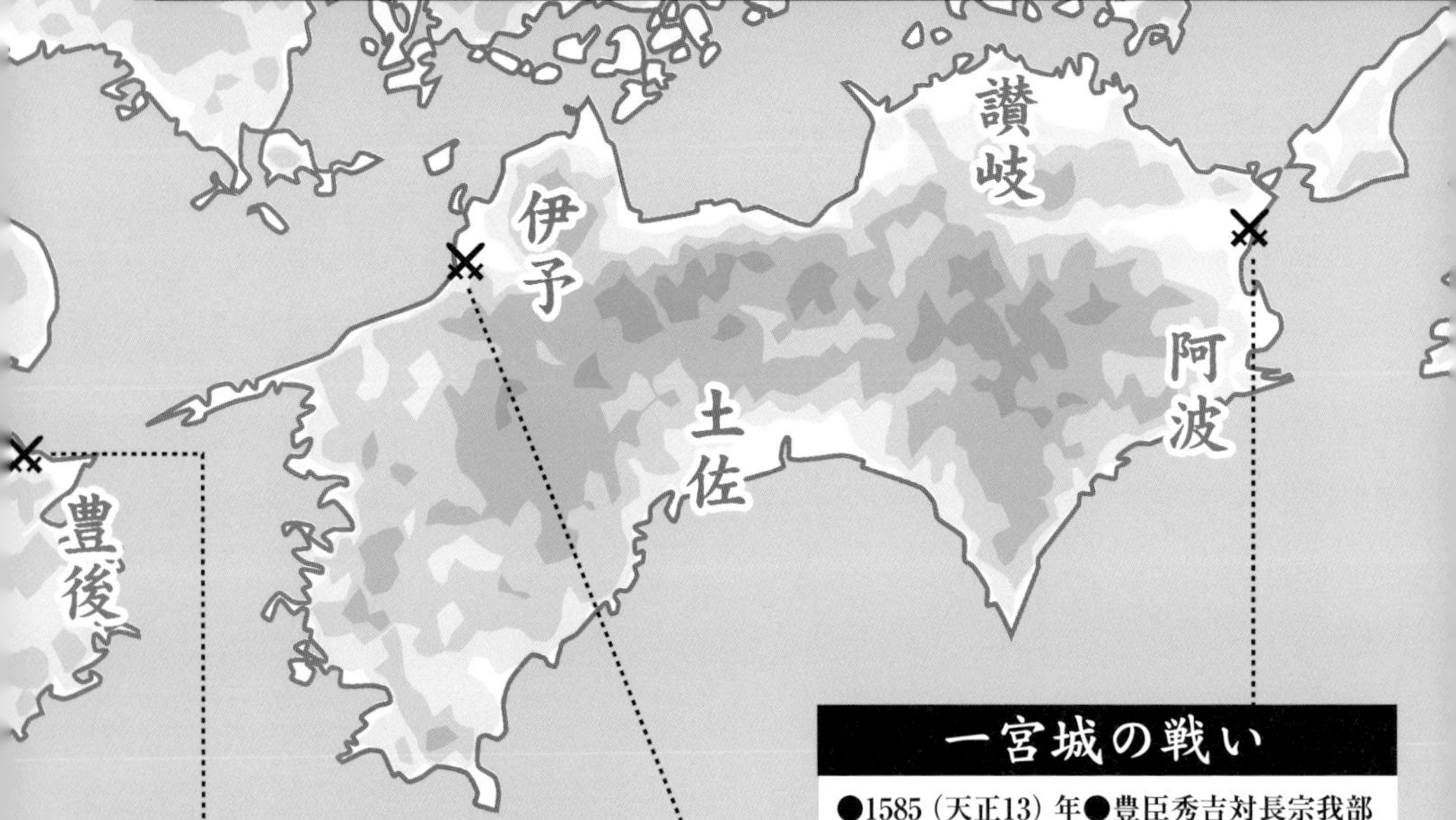

一宮城の戦い

●1585（天正13）年●豊臣秀吉対長宗我部元親。元親の四国統一後、秀吉の紀伊征伐がはじまる。元親は和睦を願うが交渉は決裂。四国征伐では秀吉軍との軍勢の差に降伏し、3か国を没収されて1国だけとなる。

戸次川の戦い

●1586（天正14）年●島津家久対豊臣秀吉。九州の覇者になりかけた島津氏と豊臣軍が戸次川で対峙。仙谷秀久が反対を押し切り川を渡ったため秀吉軍は大敗する。

湯築城の戦い

●1585（天正13）年●小早川隆景対河野通直。秀吉の四国攻めの命を受けた隆景は伊予国を侵攻する。通直は合議して約１ヵ月、湯築城での籠城作戦をとるが、隆景の説得を受けて降伏する。後に病死する。

耳川の戦い（別名・高城川原の戦い）

●1578（天正６）年●島津義久対大友宗麟。高城をめぐる攻防で、義久は釣り野伏せ戦法を駆使して、高城川の戦いに勝利する。逃げる大友軍は、耳川で水死者を数多くだす。

門司城の戦い

●1558（永禄元）年～1562（永禄5）年●毛利元就対大友宗麟。元就が九州侵攻を開始するために欠かせない門司城での数度の交戦。関門海峡を望める城は重要拠点だった。1561年が激戦だった。

岩屋城の戦い

●1586（天正14）年●島津義久対高橋紹運。島津の九州統一も、あとは筑前、筑後だけ。ところが高橋紹運は降伏を拒絶。岩屋城に籠もって徹底抗戦を行うが、最後は自刃する。島津はあと一歩で九州統一がならず。その後、秀吉が九州を統一する。

今山の戦い

●1570（元亀元）年●龍造寺隆信対大友宗麟。肥前の隆信と九州の名門で豊後の宗麟の対立による戦い。隆信は、鍋島直茂の進言で奇襲作戦を行い、今山の戦いでは、少数精鋭で大勝利する。

沖田畷の戦い

●1584（天正12）年●島津義久・有馬晴信対龍造寺隆信。耳川の戦いで大友宗麟が破れ、九州統一は島津と龍造寺にしぼられてきた。そしてついに両者が沖田畷で戦い、島津が勝利。この時点で、島津は九州をほぼ手中にする。

木崎原の戦い

●1572（元亀3）年●島津義弘対伊東義祐。島津と日向の伊東の戦い。伊東軍は敗れ、権威のなくなった義祐は、大友宗麟を頼って豊後へ逃走する。勢いに乗った島津は、宗麟と耳川の戦いで争うこととなる。

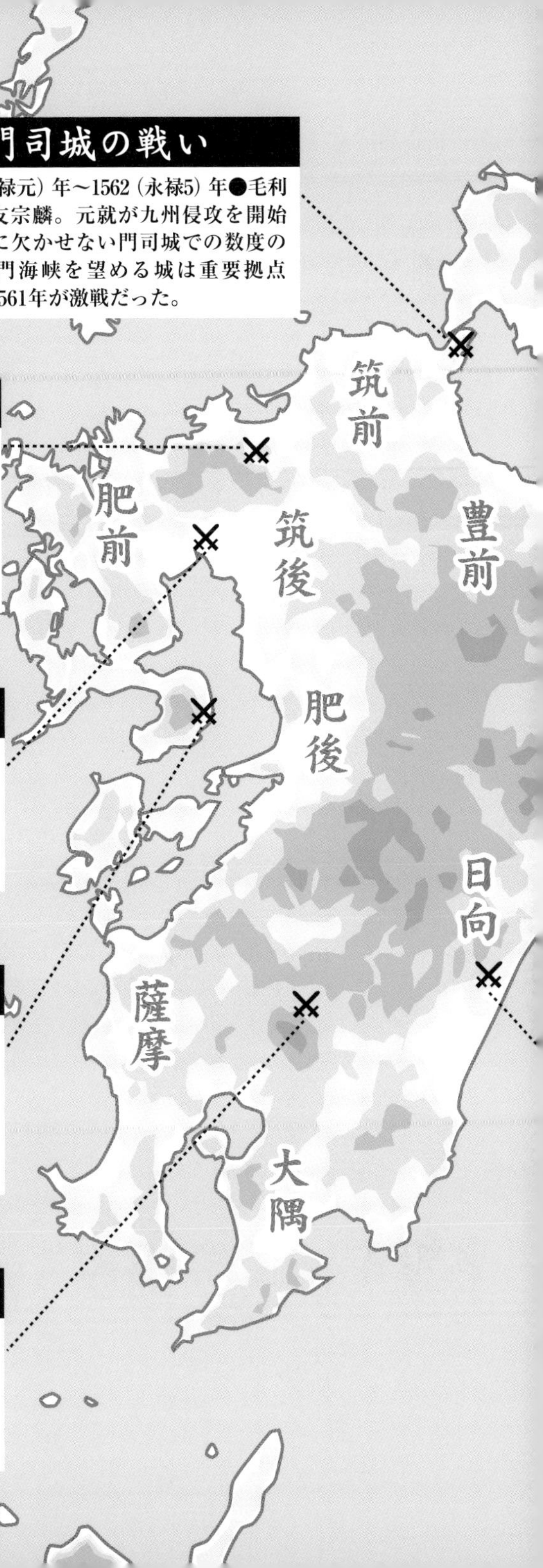

Chapter 51

耳川の戦い

九州統一を目指す島津の第一ステージは、日向の伊東義祐との戦い。そして1578年、第二ステージの幕が上がった。

DATA

- ●島津義久（46歳）対 大友宗麟（49歳）
- ●とき／1578年・天正6年
- ●場所／宮崎県木城町日高高城河原周辺
- ●結果／島津軍の勝利
- ●メモ／大友軍の田北鎮周、蒲池鑑盛などが戦死する
- ●主な出来事／この年、信長が禁裏で相撲を興行する

義弘の仕組んだ作戦にはまった大友軍

耳川の戦いは、高城をめぐる高城川での攻防もあったことから、別名、高城川の戦いとよばれている。ことのおこりは1572（元亀3）年、木崎原の戦いで、島津義弘に負けた伊東義祐は、日向を捨てて大友宗麟の豊後へ逃亡してしまった。

義弘に脅威を感じた宗麟は、軍を率いて北日向へ。無鹿城を本営にし、1578（天正6）年11月9日、日向を流れる耳川へ兵を送る。耳川では毛利家久と戦い、宗麟軍が有利のまま、家久軍は財部城へ撤退。勢いに乗る先鋒隊の佐伯惟教は、耳川を南下、**高城**※を攻めようとするが、家久率いる援軍3千人が高城に入ってしまった。そして防戦体制をとったため膠着状態となり、城を包囲したまま軍議が行われた。

先手攻勢か、城から出てくるのを迎え撃つか、同月11日、総大将宗麟不在の軍議は意見が分かれた。その日は迎撃することでまとまったが、攻撃派は、翌朝勝手に、高城川河原に陣をはる島津軍を攻撃する。島津軍の態勢は崩れ、防戦しながら高城川沿いを敗走した。追撃する大友軍、敗走する島津軍。それは、財部城に陣をはった義久の「釣り野伏せ」戦法だった。義弘、以久、義久に三方を挟まれ、大友軍は敗走。義久軍は追撃して本陣へ突入。大将格の田原親賢は、宗麟のいる無鹿城へ逃亡し、逃げる途中の耳川には、溺れた者を含め多数の戦死者がでた。

義久が大勝利したことで、宗麟の威信は低下。そして6年後、義久は、龍造寺隆信との「沖田畷《おきたなわて》の戦い」に勝利し、九州統一まであと一歩と迫る。

耳川の戦いの合戦図

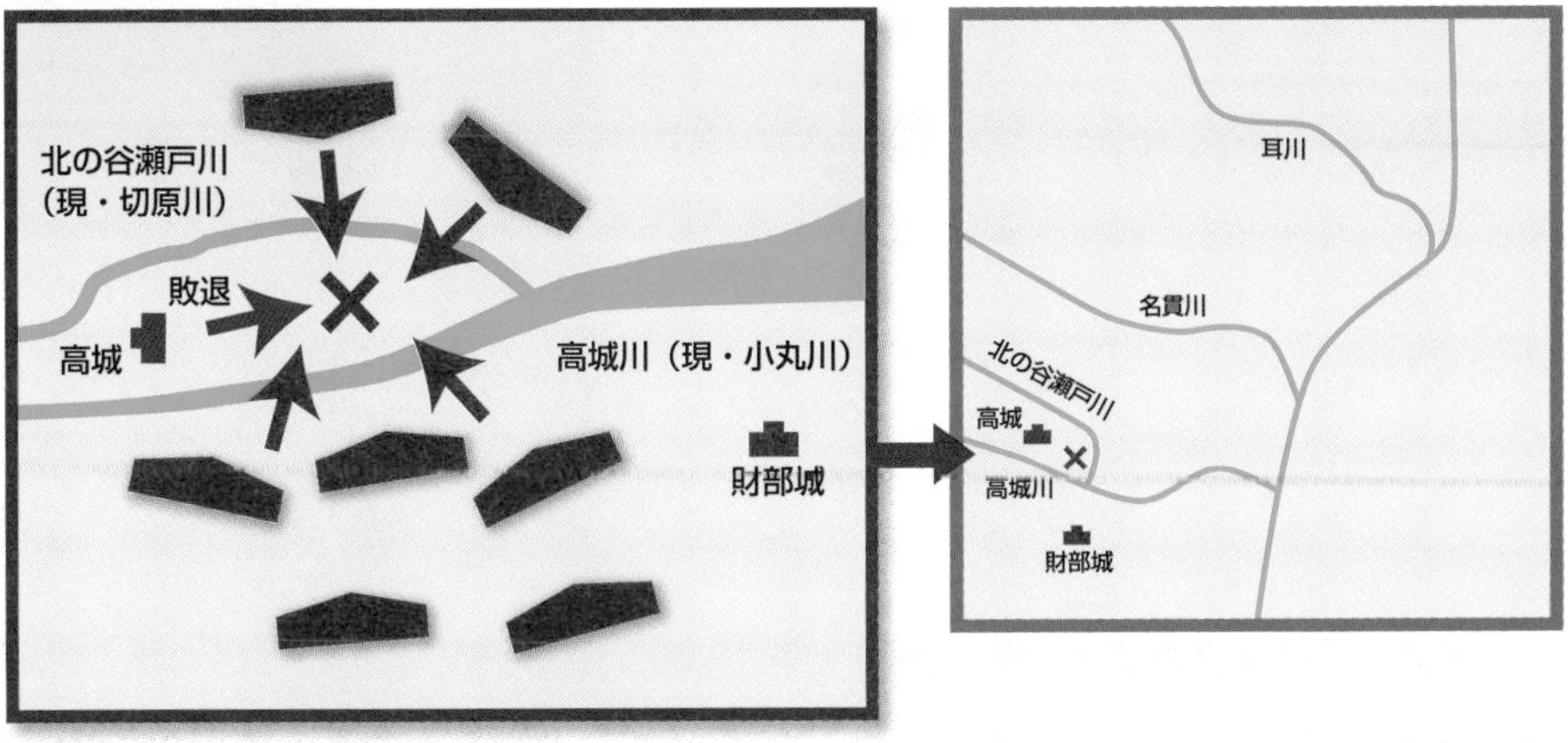

戦い前夜の九州

耳川の戦いが起きる以前の九州は、豊後国の大友氏、肥前国の少弐氏、薩摩国の島津氏が九州統一にしのぎを削っていた。そのなかのひとつ大友宗麟は、名将とうたわれた立花道雪の力もあって、豊前、筑前など6国の守護として力をつけていた。また、少弐氏は下克上によって滅亡し、龍造寺隆信によって領土を掌握されていた。そうした背景のなかで、薩摩国を統一した島津が勢力拡大を図り、ついに、九州勢力地図を塗り替える耳川の戦いが、守りの大友氏と攻めの島津氏という図式によって火蓋が切られることとなった。

合戦に参加した主な武将

島津義久軍
約2万人～3万人

- 島津義弘
- 島津義久
- 島津以久
- 島津家久
- 山田有信（高城）
- 本田親治
- 本郷久盛
- 平田光宗

大友宗麟軍
約3万人～4万人

- 田原親賢
- 佐伯惟教（迎撃派）
- 田北鎮周（攻撃派）
- 角隈石宗
- 田原親貫
- 桑野晴元
- 蒲池鑑盛
- 三池鎮実

戦国豆知識

島津の「釣り野伏せ」戦法

島津義久が考えたもので、野戦向きの包囲戦法のひとつとされている。あらかじめ全軍を3隊に分け、うち2隊を左右に伏せ、敵の正面に中央の1隊が迫る。戦いの後、敗走を装いながら後退。敵方が追走してきたところを、事前に待機していた2隊が、左右両側から襲撃するというもの。敗走を装った兵も、次には逆襲に転じるため、3面包囲となる。島津は、こうした包囲作戦を効果的に活用し、大友宗麟との「耳川の戦い（高城川の戦い）」や、龍造寺隆信との「沖田畷の戦い」などに勝利し、徐々に九州の領土を拡大していった。

※〈高城（新納院）〉日向にある3つの高城のひとつで、岩戸原標高約60mの丘陵地に造られ、東南北側は絶壁になっている。

その他の武将③

丹羽長秀（にわながひで）

1535（天文4）年～1585（天正13）年

若いころから信長に仕え、桶狭間の戦いに従軍している。秀吉が羽柴姓の一文字に選んだほどで、山崎の戦いでは率先して秀吉を支え、清洲会議、賤ヶ岳の戦いとあらゆる面で秀吉をサポートした。

穴山信君（あなやまのぶきみ）

1541（天文10）年～1582（天正10）年

武田親類衆で武田24将のひとり。剃髪して穴山梅雪でも知られている。長篠の戦いで武田軍は敗北するが、戦いには積極的に参戦せず、無事に帰還している。信君は密かに家康に降伏し、その後家康に従っている。

池田輝政（いけだてるまさ）

1564（永禄7）年～1613（慶長18）年

池田恒興の次男。小牧・長久手の戦いで父、兄が戦死したため家督を相続。13万石の岐阜城主となる。秀吉の仲介で家康の娘督姫と結婚。秀吉没後は石田三成と対立し、関ヶ原の戦いでは東軍につく。

鍋島直茂（なべしまなおしげ）

1538（天文7）年～1618（元和4）年

九州で勢力拡大をしていた龍造寺隆信と従弟であり、義弟の関係。そのため、隆信が戦死した後は龍造寺をまとめた。関ヶ原の戦いでは積極的に家康について貢献し、肥前佐賀藩の基礎を作る。

雑賀孫市（さいがまごいち）

不　詳

信長が一番苦労した戦いが石山本願寺との争いだった。そこには本願寺を救済する孫市率いる雑賀鉄砲衆がいた。本能寺の変後は秀吉につき、小牧・長久手の戦いでは家康にもついたといわれる。

第四章

戦国時代とは

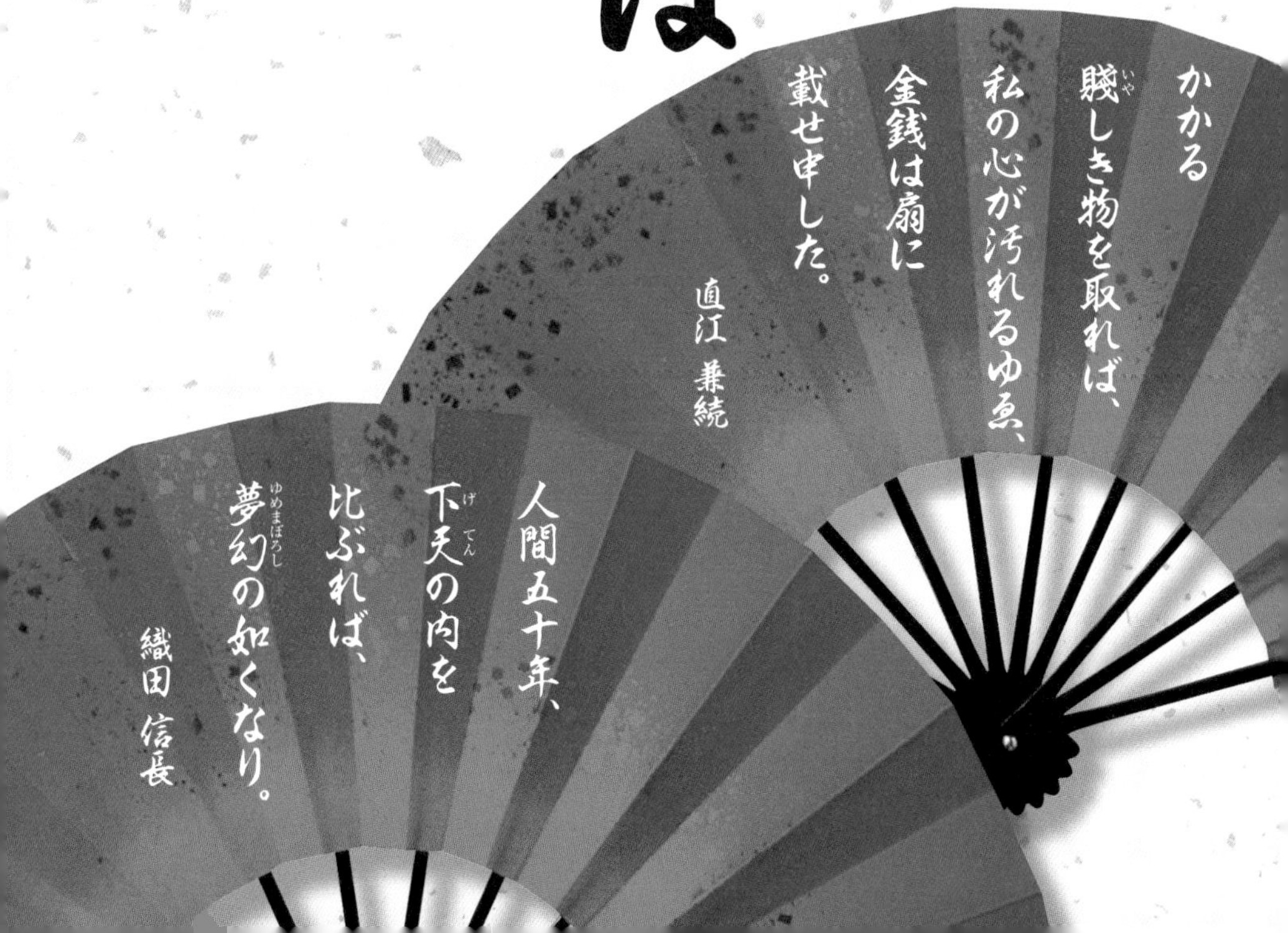

かかる
賤《いや》しき物を取れば、
私の心が汚れるゆゑ、
金銭は扇に
載せ申した。

直江 兼続

人間五十年、
下天《げてん》の内を
比ぶれば、
夢幻《ゆめまぼろし》の如くなり。

織田 信長

Chapter 52

戦国時代以前 一

承久の乱

鎌倉幕府と朝廷の対立

武士が傭兵として朝廷や貴族のために働くのではなく、武士による武士のための武家政治が、この乱以降確立されることになる。

武家政権を守る朝廷との戦い

1219(承久元)年、三代将軍源実朝が急死(暗殺)したことで、源氏直系の跡継ぎがいなくなってしまう事態になった。そこで北条政子(頼朝の妻)は京都の※後鳥羽上皇《ごとばじょうこう》に、皇族の鎌倉への下向を要請したがかなわず、源頼朝の縁戚で、左大臣九条道家の子で2歳の三寅《みとら》が4代将軍になった。

当然ながら政務については、すでに頼朝亡き後、「尼将軍」と呼ばれ幕府に君臨していた政子と2代執権北条泰時が実権を握っていた。三寅は元服して藤原頼経と名乗り、8歳で将軍となったが、もちろん名目だけのものとなった。

一方、後鳥羽上皇は、この後継者問題で、政子ら鎌倉幕府の横暴なやり方に不満を抱いていた。後鳥羽上皇は文武に非常に優れていた人物だったが、それだけ自信家でもあったといわれている。御子の土御門上皇《つちみかどじょうこう》、順徳天皇らと密かに倒幕計画を立てた。1221(承久3)年5月15日、諸国の兵を募って倒幕の兵を挙げた。これには北条氏のやり方に不満をもつ御家人も加わるなどしたため、鎌倉の御家人たちの間には朝廷に刃向かうことに動揺が広がった。

しかしこの時、政子が御家人たちを前に一大演説を行い、彼らを一致団結させてしまう。総勢19万となった幕府軍に対して上皇軍はわずか2万余り、上皇軍はあえなく敗北した。後鳥羽上皇は隠岐島、土御門上皇は土佐、順徳天皇は佐渡へそれぞれ流されてしまう。再び朝廷の政権交代をねらった戦いは、逆に武家政権の体制固めとなった。

源頼朝と三寅との関係図

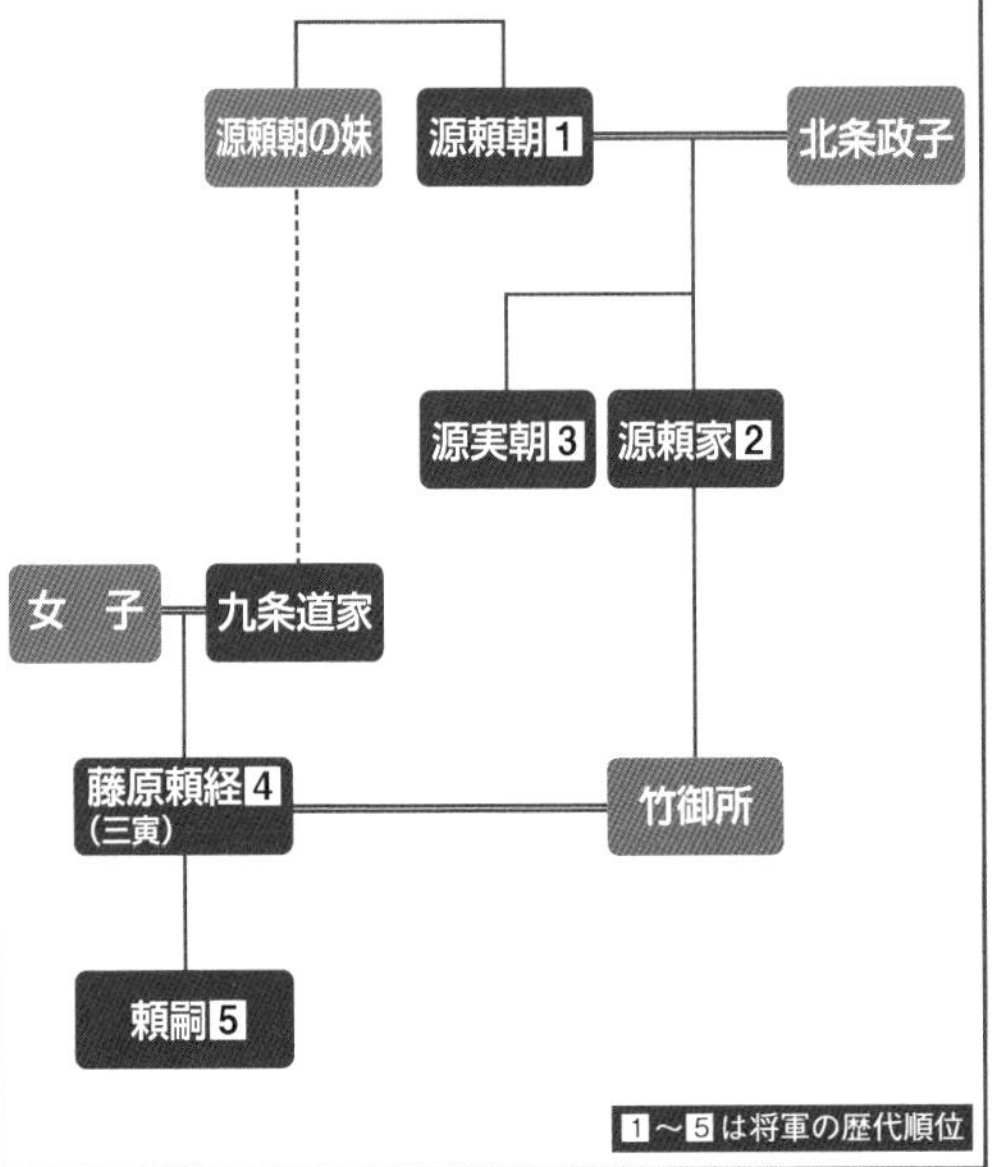

北条政子 肖像
頼朝亡き後、「尼将軍」と呼ばれ幕府に君臨した。

◆武士のための戦い

後鳥羽上皇が諸国の武士に対し、北条義時追討の院旨《いんじ》を発した。もちろん、一番は鎌倉の御家人たちに倒幕せよと向けられた。しかし、朝敵となっても、上皇側になびかなかったのは、東国の武士たちが、京都から武士の利益を守る武士の政権を守り抜くためだった。承久の乱は、そのための戦いだった。以後、西国も含め、武士は天皇や公家たちの秩序と権益を守るための存在ではなくなった。

後鳥羽上皇 肖像
後継者問題で鎌倉幕府と対立するが敗北する。

戦国豆知識

尼将軍政子

源頼朝は落馬が原因で1199（正治元）年に52歳で亡くなった。1202（建仁2）年、長男の頼家が18歳で将軍となるも、力量不足を見て、政子は時政と相談、合議制を導入、13人の有力御家人を決定した。

翌年には頼家は伊豆修善寺に幽閉され、後に殺される。次男の実朝を11歳で将軍にし、北条時政が初代の執権となる。実朝にはすでに政治に関わる余地などなく、当人も歌に打ち込み「金塊和歌集」を残す。

次に増長した時政を、時政の子で弟の義時と組んで失脚させた。こうして身内であろうと、戦の功労者であろうと、幕府の方針に逆らうものは容赦なく追い払った。

※〈後鳥羽上皇〉実は中世屈指の優れた歌人で、藤原定家に影響を受けた。「新古今和歌集」を編纂させた。

Chapter 53

戦国時代以前 二

建武の新政 鎌倉幕府の滅亡

150年続いた鎌倉幕府も、北条一門のあまりにも増大し過ぎた権力の独占は、支えである御家人たちの強い反発をよんだ。

2度の元寇で幕府も御家人も疲弊

鎌倉幕府は執権政治という二重構造のかたちのまま、そしてその執権は北条氏が世襲で継いでいき、北条一門はその権勢を欲しいままにした。

しかし、13世紀に二度の**元寇**《※げんこう》に襲われ、戦費の出費で御家人は困窮、幕府も財政が極端に悪化し、支配体制にゆるみができる一因となった。さらに14世紀に入ると、「悪党」が横行をはじめるなどいっそう動揺が激しくなった。

一方、朝廷はというと、後嵯峨天皇後に、幕府よりの持明院統と天皇親政を望む大覚寺統との2つに分裂し、一代ごとに交互に天皇を出すという事態になっていた。そんな状況下、倒幕計画が進む。

大覚寺統から出た後醍醐天皇（1318（文保2）年即位）が1324（天享元）年（正中の変）と1331（元弘元）年（元弘の変）の2度倒幕計画を企てたが、いずれも計画は漏れてしまう。翌年後醍醐天皇は持明院統の光厳天皇に皇位を譲り上皇となった彼は、隠岐島へ流されてしまった。

しかし、1333（元弘3）年、楠木正成の挙兵に合わせ、後醍醐上皇は隠岐島を脱出、3度倒幕を図る。幕府から討伐を命じられた足利高氏が上皇側に寝返って、光厳天皇を京都から追い出した。これに呼応して新田義貞が関東で挙兵、大軍で鎌倉攻めを行い、幕府を打ち破り北条氏は滅亡する。

後醍醐上皇が京都に戻り、天皇親政・貴族中心の政治運営をした。これを建武の新政（中興）という。

北条氏略系図

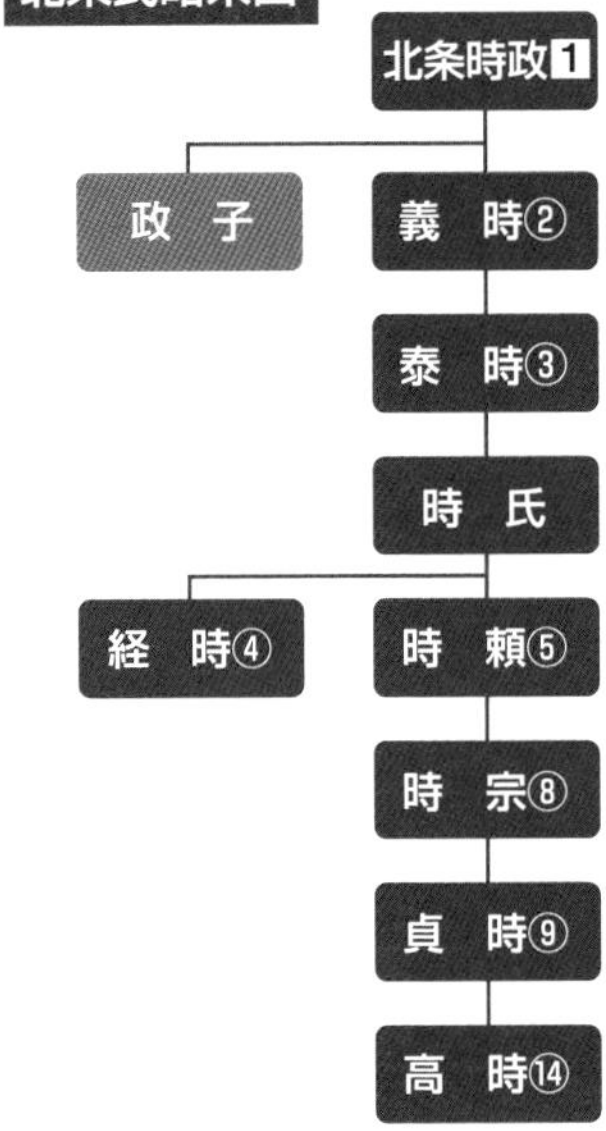

1は歴代執権　○数字は得宗

元寇は2度とも執権時宗のとき。

後醍醐天皇 肖像（清浄光寺蔵）

執権政治のしくみ

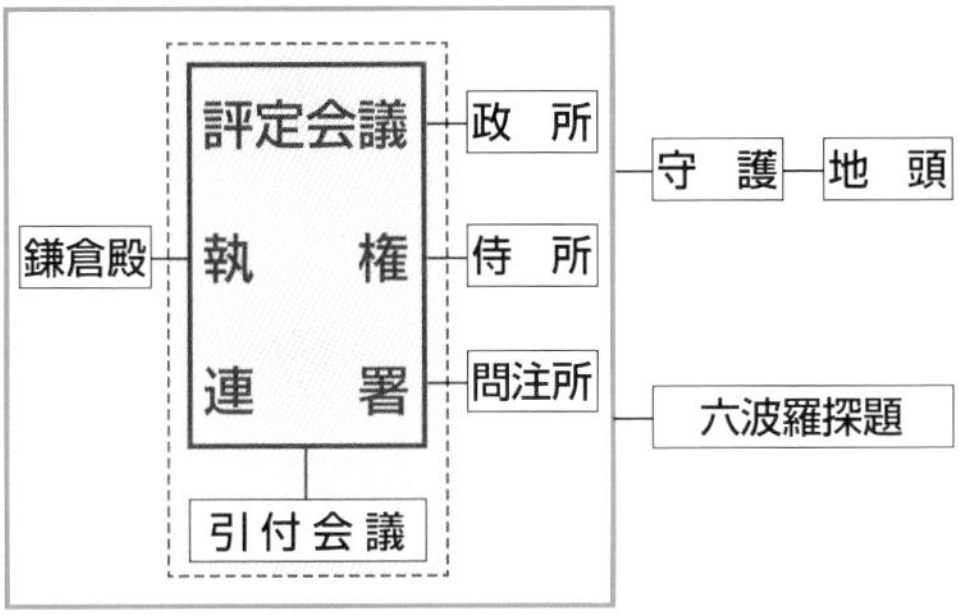

5代執権時頼以後は、得宗家（本家）による独裁専制政治が行われた。点線囲み部分を得宗家が支配する。

※評定会議……有力御家人による最高決定機関
※連署…………執権とともに書類に署名する有力御家人
※引付会議……御家人の裁判を執り行なう機関
※六波羅探題…承久の乱後、朝廷の監視や西国（近畿地方）の御家人を統括する機関

◆悪党とは

鎌倉時代後半から南北朝時代にかけて登場する「悪党」は、単なる山賊や海賊ではない。自分の所領や利益を守るために、荘園領主や幕府に対して戦う者たちや、河川や山野を支配して商業活動を行う者たちを「悪党」と呼んだ。

戦国豆知識

日蓮上人と立正安国論

日蓮がやってきた1253（建長5）年当時の鎌倉は、地震や暴風雨をはじめとして、火災や干ばつ、疫病などが続発しており、人々は不安に苦しんでいた。そこで日蓮は1260（文応元）年、前執権の北条時頼に、原因は国を挙げて邪教に帰依しているからだと断じ、法華経に帰依しなければ、必ず自界反逆、他国侵逼の災いが続発すると警告する内容の「立正安国論」を呈した。時頼が無視したので、11年後、執権時宗に再度呈したが、処罰を受け佐渡へ流されてしまう。その3年後元寇。予言は当たってしまう。

※〈元寇〉元の日本襲来。1274（文永11）年と1281（弘安4）年の2度あり、それぞれ文永の役、弘安の役という。2度とも暴風雨が起こり元軍は退却した。

Chapter 54

戦国時代以前㊂

室町幕府の成立 足利尊氏から足利義満

新しく興った幕府は、もはや中央集権ではなく、強力になっていった地方の守護大名との連合政権だ。

室町幕府の初期は、南北朝時代となる

後醍醐天皇による建武の新政は、わずか二年半で崩壊してしまう。それはすでに武士の時代となった世の中に合わなかったからで、貴族中心の天皇の政治に、武士が不満を持ちNOといったのだ。

1336（建武3・延元元）年、足利尊氏は、建武の新政に反対する地方武士らと決起、持明院統の光厳天皇の弟を新たに光明天皇として擁立し、同年、京都を制圧。後醍醐天皇は京都を去り、奈良の吉野に居を構えた。尊氏は施政方針として「建武式目」を制定し、正式に京に幕府を開いた。

これ以降、1392（元中9・明徳3）年、3代将軍足利義満が統一するまで天皇家が並立という事態になる。京を北朝といい、吉野を南朝といったが、南朝は名前ばかりのものだった。

義満は、南北朝を統一、周防の大内氏などの有力守護を討ち、また経済的にも明との勘合貿易を始めるなどして、全盛期を築き上げた。**金閣寺**※はその力の大きさを表す。北小路室町に「花の御所」と呼ばれる華やかな室町第《むろまちてい》という邸を構えて政治を行ったことから室町時代といわれるようになった。

しかし、室町幕府はその後は衰退、もともと中央が絶対的権力を持つ中央集権体制の幕府ではなく、有力守護大名たちとの連合政権だった。各地で守護領国制が発展、地方分権化が進んでいき、鎌倉幕府の制度・機構をほぼ継承した。執権を管領とし、管領の下に政所、問注所、侍所が置かれた。

足利尊氏 肖像

◆室町幕府の財政

諸国の守護大名が領国支配を増していったので、直轄地からの収入では不足した。そこで様々な課税が行われた。

- 段銭《たんせん》…土地税
- 棟別銭《むなべつせん》…家屋税
- 関銭《せきせん》及び津料《つりょう》…関所の人、馬、荷物などの通行料
- 倉役《くらえき》及び酒屋役《さかやえき》…金融業者に課した税

南北朝時代の天皇系図（1331年〜1392年）

西暦	北朝天皇	南朝天皇
1331年	光厳天皇	後醍醐天皇
1333年	後醍醐天皇	
1336年	光明天皇	
1339年		後村上天皇
1348年	崇光天皇	
1351年	空位	
1352年	後光厳天皇	
1368年		長慶天皇
1371年	後円融天皇	
1382年	後小松天皇	
1383年		後亀山天皇
1392年		

戦国豆知識

金閣寺と北山文化

義満が建てた北山山荘・鹿苑寺が後に金閣寺と呼ばれる。1401（応永8）年以降、正式の政庁として政務を司ることになり、明からの使者もここで迎えるなど政治・文化の中心となったことから「北山文化」と呼ばれる。

義満の時に最盛期を迎えた室町時代は、活気に満ち、禅宗の影響を受けた武家文化が伝統的な公家文化と融合して独特の文化が生まれた。武家文化の公家化ともいわれ、金閣寺に象徴されるように、華美と豪華さが強調される一面もある。一方、庶民も文化の担い手として登場してくる。

※〈金閣寺〉応仁の乱のときは西軍の陣となり多くを消失した。江戸時代に再建されるも、昭和に放火で再び焼失、後に再建された。

Chapter 55

戦国時代以前 四

応仁の乱

8代将軍足利義政と日野富子の跡目争い

将軍家の跡目争いは、幕府内の勢力争いなども巻き込み、国を二分する大きな争いとなっていった。

若くして隠居を望んだ8代将軍義政

幕府の力が衰退していく中、8歳で8代将軍となった足利義政は、政治に関して無力でそれゆえに政務にも無気力となった。早く隠居を望むが、実子に恵まれなかったため、弟**義視**《※よしみ》を跡継ぎに決めた。

ところがその翌年、妻の日野富子に義尚《よしひさ》が生まれる。富子は我が子を将軍にしようとし、ここで両者に将軍の跡継ぎ争いが起こる。

また弱体化していた幕府内部では、細川勝元と山名持豊（出家後は宗全）による激しい勢力争いが起こっていた。さらに3管領職の斯波家と畠山家でそれぞれ家督争いをしていた。

そして義視が細川氏を、義尚の母富子が山名氏をそれぞれ後見人にすると、斯波・畠山家もともに細川側と山名側に分かれ、幕府を二分する大きな争いになった。11年続いた応仁の乱の始まりである。

東軍（義視派）と西軍（義尚派）に分かれた権力争いは、両派の力が拮抗する状況で争いは長引き、戦乱の舞台となった京都をすっかり焦土と化した。さらに争いは地方へと拡大し、国を二分するまでになったが、戦いは膠着。幕府の権威は失墜し、何のための争いか大義名分は失われていった。そうした中、１４７３（文明５）年、細川勝元と山名宗全が相次ぎ病死、翌年義政は義尚に将軍位を譲った。同年、勝元の息子正元と宗全の息子政豊が和睦したが、幕府は実質畿内だけの政権となった。地方へ広がった戦火は、下剋上の戦国時代へと突入していく。

◆日野富子は悪妻!?

日野富子は夫の義政と跡目争いをしたり、金儲けに走った悪妻といわれている。確かに、京都に関所を作って関銭を取ったり、米相場や高利貸から賄賂を取ったり、大名に高利で金を貸したりして富を築いた。庶民からは守銭奴とか悪女と囁かれた。しかし、富子の財力によって、室町幕府は運営されていた。応仁の乱以後も、その財力により、幕府内には強い影響力を持っていた。

慈照寺銀閣（京都府京都市左京区）

足利義政 肖像

応仁の乱 対立図

東軍	✕	西軍
24カ国、約16万人	総勢	20カ国、約9～12万人
足利義視・足利義政支持	将軍家後継争い	足利義尚・日野富子支持
細川勝元　後見人	守護大名勢力争い	山名宗全　後見人
斯波《しば》義敏《よしひと》	管領家督争い	斯波《しば》義廉《よしかど》
畠山《はたけやま》政長《まさなが》	管領家督争い	畠山《はたけやま》義就《よしなり》

戦国豆知識

銀閣寺と東山文化

政治の世界では無気力だったといわれる義政だが、文化振興の面では、今日にいたる日本文化の基礎を築き上げた業績は高く評価されている。

応仁の乱後、東山に金閣寺を模して銀閣寺を造ったので、この時代の文化を東山文化と呼ぶ。

禅の精神に基づく「わび・さび」と伝統的な公家文化の「幽玄」の融合の上で深層の美を追求し、主観的象徴性が重んじられた。

室町文化の流れは、武士が政治・経済だけでなく、文化の面でも時代を代表し中心となったことを表している。

※〈義視〉当時すでに出家しており、義政の申し出を固辞していたが、「今後、男子が生まれても跡取りにはしない」という起請文をしたためられて受けた。

⑬最上義光
(1546年～1614年)
⑫南部信直
(1546年～1599年)
蠣崎氏
南部氏
⑦長尾景虎(上杉謙信)
(1530年～1578年)－P20・21
秋田氏
①伊達政宗
(1567年～1636年)－P52・53
陸奥
出羽
伊達氏
最上氏
⑨朝倉義景
(1533年～1573年)
②蘆名盛氏
(1521年～1580年)
長尾氏
蘆名氏
畠山氏
越後
上野
相馬氏
村上氏
⑪佐竹義宣
(1570年～1633年)－P38・39
山内上杉氏
宇都宮氏
小笠原氏
佐竹氏
朝倉氏
常陸
越前
扇谷上杉氏
斎藤氏
武田氏
相模
美濃
木曽氏
甲斐
④北条早雲
一色氏
浅井氏
北条氏
(1456年～1519年)－P60・61
織田氏
丹後
若狭
千葉氏
尾張
遠江
三河
波多野氏
③武田信玄
六角氏
松平氏
今川氏
浦上氏
近江
(1521年～1573年)－P48・49
里見氏
三好氏
和泉
⑤今川義元
(1519年～1560年)－P18・19
⑧斎藤道三
(1494年～1556年)－P36・37
⑩徳川家康
(1542年～1616年)－P84～87
⑥織田信長
(1534年～1582年)－P76～79

東日本の主な武将たち

(1540年代後半の勢力図)

西日本の主な武将たち

(1540年代後半の勢力図)

❻六角義賢
(1521年～1598年)

❶浅井長政
(1545年～1573年)－P10·11

❷一色義直
(不詳～1498年)

❸尼子経久
(1458年～1541年)

⓫松永久秀
(1508年?～1577年)

❺毛利元就
(1497年～1571年)－P70·71

❹大内義興
(1477年～1528年)－P22·23

❽龍造寺隆信
(1529年～1584年)－P72·73

❾大友宗麟
(1530年～1587年)

❿島津義弘
(1535年～1619年)－P44·45

❼長宗我部元親
(1539年～1599年)－P54·55

その他の武将④

松平忠吉（まつだいらただよし）

1580（天正8）年～1607（慶長12）年

家康の4男。関ヶ原の戦いでは初陣をきり、島津の退き口と対峙する。島津義久を討って大活躍するが負傷する。戦後は尾張清洲城52万石を与えられる。人望があったため、亡き後数名の部下が殉死したと伝えられている。

小早川秀秋（こばやかわひであき）

1582（天正10）年～1602（慶長7）年

秀吉の養子となり、関ヶ原の戦いは、秀秋の裏切りで勝敗が決したといわる。そうした中傷が酒におぼれる原因となり、亡くなったという話もある。朝鮮出兵で、三成に注意されたことが裏切りのきっかけになったらしい。

宇喜多秀家（うきたひでいえ）

1572（元亀3）年～1655（明暦元）年

秀吉の養女で前田利家の娘豪姫と結婚する。仲睦まじい2人を引き裂いたのが関ヶ原の戦いだった。西軍副大将として福島正則と激戦するが敗北。八丈島遠島となる。晩年は、援助を幕府からも許されるが、島で人生を終える。

山内一豊（やまうちかずとよ）

1545（天文14）年？～1605（慶長10）年

姉川の戦いでは秀吉に従って参戦する。その後、秀吉の配下として様々な戦いで活躍する。関ヶ原では東軍につき、大名として高知城の城主となる。立身出世のため、妻夢千代の内助の功に関する逸話も多い。

小早川隆景（こばやかわたかかげ）

1533（天文2）年～1597（慶長2）年

毛利元就の3男。兄の吉川元春と「毛利両川」とよばれ、毛利氏の領土拡大に貢献する。賤ヶ岳の戦い後は秀吉の臣下となり、四国攻め、九州攻め、小田原城攻めにも参戦。積極的に秀吉を支援し、晩年まで忠義を尽くす。

第五章
戦国時代の暮らしと文化

◆何せうぞ、くすんで、
一期は夢よ、ただ狂へ
◆憂きもひととき、
うれしきも、
思ひさませば夢候へ
『閑吟集』より

稽古とは、
一よりならい
十を知り、
十よりかえる、
もとのその一
千利休

Chapter 56

地方都市の発展

商工業の発達と文化の普及

幕府の形骸化は、諸国の戦国大名の領国支配を強固にし、自給自足を目指して地方都市が栄えた

築城技術や軍備品の生産力が飛躍的に向上

戦国時代に入ると、荘園制は解体し、諸国の戦国大名は領国支配をさらに強める。それには地域として経済的にも軍事的にも独立性を増すことが必要になる。実は戦国時代ゆえの様々な技術革新や経済の発達があった。

刀剣などの武器の生産では製鉄技術、鉄砲においては鋳鉄・鍛造技術が発達。火薬製造法も各地に普及し、築城による建築関係及び土木技術は飛躍的に向上した。そして物資や人の拠点間の移動など、軍事的必要性から交通路の整備が進んだ。

土木技術は、農村部などにおいては、大規模な新田開発や灌漑設備などに生かされた。各地で米以外にも農産物の生産が進み、山城・大和の茶や紀伊の蜜柑は特産物としても知られるところ。またこのころは兵衣や庶民の衣料として、麻などに比べ強度と保温性のある木綿の栽培が広く普及した。

日明貿易により、明より大量の銅銭が入ってきたが、人や物の動きが活発化する戦国期は、貨幣の相対的価値が上がり貨幣経済も発達した。

こうした経済の発達は、それによって財を成す者も出るなど庶民の社会的地位も向上させた。また戦乱の京都を避け、地方都市へ下る公家や僧侶、地方を遍歴する**連歌師**※などにより、京都の文化が地方へ伝わっていった。それに伴い、庶民の間にも新しい文化が生まれた。また下剋上を旨とする戦国時代の気風は、文化をも覆って、禅宗の影響下から次第に、豪壮さを描く桃山文化へと流れていく。

明の3代皇帝永楽帝 肖像

勘合貿易は、3代皇帝永楽帝の時に始まった。朝貢貿易《ちょうこうぼうえき》という名目で行われており、これは日本から明の皇帝に貢物を捧げ、これに対して皇帝側がお礼を返すというもの。遣明船には堺などの有力商人が商品を持ち込み、公貿易と私貿易が行われていた。

永楽通宝

信長はなぜか永楽通宝の旗印をもっていた。1608(慶長13)年に通用禁止令が出され、やがて国産の銭に取って代わる。

倭寇の図

戦国豆知識

勘合貿易

日明貿易ともいう。足利義満の時、明からの倭寇（日本人の海賊）禁圧の要求が元になって開始されたもので、公認船と倭寇とを区別するために勘合符を用いたのでこう呼ばれた。一時中断はあるものの、16世紀半ばまで続いた。

応仁の乱以降は、堺や博多の有力商人などが貿易船の経営を行った。日本からは硫黄、銅、刀剣、扇などが輸出され、明からは銅銭（永楽通宝）、絹織物、砂糖などが輸入された。また、禅僧の交流などを通じ、大陸文化が伝わったことが中国との貿易においては大きなことといえる。

※〈連歌師〉連歌は五・七・五の長句と七・七の短句を交互に詠み合うもので、おおよそ百句を一つとする。

Chapter 57

茶の湯と千利休

抹茶は禅宗とともに中国から薬として伝わった。
千利休は草庵の茶室を創出するなど、「侘び茶」としての茶の湯を完成させた。

削るところがなくなるまで 余計なものを省く

室町時代の後半になると、お茶を飲むことは庶民の間まで広まる。それは飲んだお茶の産地を当てる「闘茶《とうちゃ》」という博打としても流行った。また大名の間では、高価な器を使い盛大な茶会を開くことが流行った。

そうした流れとは別に、余計な飾りを排し、主と客との精神的交流を旨とする「侘び茶」の流れが生まれた。村田珠光《むらたじゅこう》が始祖といわれ、千利休の師武野紹鴎《たけのじょうおう》が心の師と仰いだ。

紹鴎は、さらに茶道具などの簡素化を進め、精神的充足を追求した。千利休は道具だけでなく、茶室にまでそれを広げ草庵茶室を創出。何も削るものがないというところまで余計なものを省き、「侘び茶」を完成させた。

織田信長が堺を直轄地としたときに茶の湯の師匠として重用。豊臣秀吉にも重用された。１５８５（天正13）年、秀吉の正親町天皇《おおぎまちてんのう》への禁中献茶に奉仕し、この時、宮中参内するため居士号「利休」を勅賜される。また１５８７（天正15）年、北野大茶会を主管。秀吉の命令とはいえ、侘びとは正反対の壁・天井・柱・障子の腰をすべて金張し、使用にあたっては黄金の台子と皆具を置いた黄金の茶室を監修し披露した。秀吉の信任は非常に厚かった。

しかし、１５９１（天正19）年、突然秀吉より切腹を命じられ70歳の生涯を閉じる。弟子の前田利家ら大名が助命に奔走したが適わず、聚楽第《じゅらくだい》で切腹する。切腹の命令の理由は、いくつか挙げられているが現在でも謎のままである。

◆小説や映画の千利休

■戦国大名よりもポピュラーな千利休

茶道はもちろん、お茶というものが、現在まで一般の人々の生活の中に浸透しているので、千利休は小説やドラマの主人公として数多く取り上げられている。茶聖と呼ばれるだけでなく、時代の中枢にあり、時の権力者とも接していたため、様々な歴史の証人でもある千利休は、その謎の死とともに私たちの興味を惹きつける。

●小説…「お吟さま」（今東光1962年）、「秀吉と利休」（野上やい子1964年）、「千利休とその妻たち」（三浦綾子1980年）、「本覚坊遺文」（井上靖1984年）、「利休」（星川清司1994年）、「利休にたずねよ」（山本兼一2008年）

●映画…「お吟さま」（1962年、松竹、監督田中絹代）、「お吟さま」（1987年、東宝、リメイク、監督熊井啓）、「千利休本覚坊遺文」（1989年、東宝、監督熊井啓）、「利休」（1989年、松竹、監督勅使河原宏）

●テレビ…「千利休とその妻たち」（1983年、関西テレビ）、「利休はなぜ切腹したか」（1985年、NHK）、「千利休～春を待つ雪間草のごとく～」（1990年、毎日放送）

千利休居士 肖像（長谷川等伯画）
1522（大永2）年～1591（天正19）年

◆利休七則《りきゅうしちそく》

利休が弟子に「茶の湯でもっとも大切なことは何でしょう？」と聞かれ答えたといわれている。

---

1. 茶は服のよきように点て
2. 炭は湯の沸くように置き
3. 花は野にあるように
4. 夏は涼しく冬暖かに
5. 刻限は早めに
6. 降らずとも傘の用意
7. 相客に心せよ

妙喜庵（京都府大山崎町）
千利休作の唯一現存する茶室「待庵」がある。

戦国豆知識

草庵茶室と黄金の茶室

利休以前の茶室は、最小で四畳半となっていた。利休は、庶民の間でしか行われていなかった三畳や二畳の茶室を取り入れる。

そして入り口（潜り）や下地窓、土壁、五尺床などを工夫した。中でもいったん茶室を土壁で覆い、窓をつけ、開け閉めによって自由な光量を可能にした点は画期的だった。

また、単なる通路でしかなかった「露地」を、積極的な茶の空間という意識で、もてなしの空間とした。ここまできて初めて茶の湯は、※「一期一会《いちごいちえ》」を満たすことができる総合芸術として完成された。

※〈一期一会〉利休の茶の心得。出会いは一度きりのものだから、その一瞬を大切にし、おもてなしをしようというもの。

Chapter 58

水墨画と雪舟

水墨画は鎌倉時代に禅とともに伝わり、室町時代に発達し、雪舟により宗教画から山水画や花鳥画を主とした水墨画が完成された。

画聖雪舟、幼き日に涙で鼠を描いた!?

雪舟（1420（応永27）年～1506（永正3）年?）は没年も不詳だが、その他にも謎とされる部分が多い人物。備中国赤堀（今の岡山県総社市）に生まれた雪舟は、10歳に満たずして禅を学ぶために京都の相国寺《しょうこくじ》に入れられる。しかし、それより幼くして近くの宝福寺に預けられていたときの逸話があまりにも有名。

それは、お経など読もうとせず絵ばかり描いていたので、住職が戒めのために雪舟を仏堂の柱に縛りつけたという。住職は忙しくて雪舟のことを忘れてしまい時間が過ぎた。急いで仏堂に入ると、まさに鼠が雪舟の足をかじろうとしていた。慌てた住職が鼠を追い払おうとしたが、それはできなかった。なぜならそれは絵だったのだ。雪舟が涙で足の指を使って描いたものだったのである。感心した住職は以来、絵を描くことを戒めることはなかったという話。

相国寺では、禅僧としての修行をするかたわら、※**周文**《しゅうぶん》について水墨画など絵を学んだ。44歳で京都を離れ、当時明との貿易なども行われ栄えていた周防国（山口県）の大内氏へ身を寄せる。なお、40歳以前の画暦は不明である。

1467（応仁元）年、47歳の時、念願かない遣明船に乗ることができた雪舟は、足かけ3年滞在し中国の水墨画を学んだ。帰国後は諸国を旅しながら多くの絵を描いた。濃淡、にじみ、かすれなどのすぐれた表現技術で、日本の水墨画を完成させたといわれる。6つの作品が国宝に指定されている。

雪舟が涙で描いた鼠は本物そっくりだったという

「天橋立図」
最晩年の作とされる。奥行きのある大胆な構図ときびきびした筆線が雪舟の画風

「相国寺」(京都)
雪舟が禅を学ぶために入ったといわれている寺

戦国豆知識

狩野派

日本の絵画史上最大の画派。室町幕府の絵師となった狩野正信（１９３４（永享６）年？～１５３０（享保３）年？）を始祖とする。親兄弟など血族関係を軸にしていた。

室町幕府崩壊後も、織田信長、豊臣秀吉、徳川将軍に絵師として仕えるなど、時の権力と結びついて、室町時代中期から江戸時代末期まで約４００年にわたって画壇の中心に君臨し続けた。代表的な画家は、初代正信、嫡男の狩野元信、狩野永徳（正信の孫）、狩野探幽（永徳の孫）など。永徳は、安土城天守や大坂城や聚楽第の障壁画を制作した。

※〈周文〉生没年不詳。画僧。水墨画の他、着色仏画、彫刻もした。室町幕府の御用絵師となった。

Chapter 59

味噌と醤油の誕生

戦国時代を通して、味噌と醤油が生まれ、ご飯と味噌汁と魚介類の料理で食事する和食文化ができあがっていく。

味噌と醤油は親子関係にあった

日本人の味付けの基本である味噌と醤油が、現在のようなものになったのは安土桃山時代である。

この元になったのが※醤《ひしお》というものだった。鎌倉時代には醤院《ひしおつかさ》という役所があり、醤が生産されていた。平安時代には唐（中国）から入ってきた大豆や小麦を原料とした穀類を使った唐醤《からびしお》が東西の市で売られていた。当時は他に、大豆を原料とした豆醤《まめびしお》が未醤《みさう》とよばれ市で売られていた。これは調味料だけでなく、貴重なタンパク源として保存食でも食べられていたもの。また携帯用食品ともなり、戦国時代には合戦などの際に、戦陣用の食料として広く用いられた。安土桃山時代には、汁物に用いられ味噌汁として一般的に使われるようになった。

一方、醤油はというと、鎌倉時代の禅僧覚心が宋（中国）から伝承した舐め味噌の一種「金山寺味噌」を作っている過程で、偶然発見することになる。器の底に溜まった汁を調味料として利用したのが始まりとなった。今のような醸造方法が確立されたのは、やはり安土桃山時代といわれている。当時はまだ米よりもかなり高価なものだった。江戸時代半ばには庶民の生活に深く溶け込んだ。

こうして味噌と醤油は、煮物や焼き物などあらゆる味付けの基本の調味料となり、まさに日本人の味の原点が確立されたといえる。

また当時は1日2食だったが、朝夕だけでなく戦いの合間に腹ごしらえするなど、戦国時代を通じて3食になっていったといわれる。

◆戦場の食糧事情

■**腰兵糧**…お餅や干飯《ほしい》、里芋の茎、梅干などの兵糧を腰に巻いて携帯した。干飯は、お米を炊いて、一度水洗いをして乾燥させたものを麻の袋に入れる。そのまま食べてもよいし、食べるときに兜などを鍋代わりにしてお湯を入れればご飯となる。里芋の茎は、縄状に編み、味噌で煮しめて乾燥させる。普段は縄として使い、必要な分を切って使う。お湯をかければ、里芋の味噌汁になるという優れもの。また梅干は、保存食としてだけでなく、戦場での傷の消毒や食中毒、伝染病の予防に必要とされるものだった。さらに、戦いの中、梅干を舐めることによる唾液の分泌で、息切れ防止にも役立った。それゆえ、武将たちは梅の植林を奨励した。現在梅の名所や梅干の産地となっているのは、その跡地。

金山寺味噌《きんざんじみそ》
調味料ではなく、ご飯の上に乗せて食べたり、酒の肴などおかずとして食べる味噌。もともとは夏野菜を冬に食べるための保存食。径山寺味噌とも書く。空海が唐の金山寺から持ち帰ったとする説もある。

味噌、醤油が日本人の味の原点に。

戦国豆知識

朝食は納豆定食!?

実は、納豆の始めは中国から伝わった「塩辛納豆」だったが、室町時代に、日本独自の「糸引き納豆」が登場する。

戦国時代には、武将たちのタンパク源でありスタミナ源ともなった。製法も簡単なことから、納豆といえば、糸引き納豆を意味するほど浸透していった。

江戸時代には、江戸や京都では「納豆売り」が毎朝売り歩くようになり、庶民の朝食は、ご飯と納豆と味噌汁が定番となった。江戸時代に醤油が安く手に入るようになったのも、納豆の普及に一役買った。塩辛納豆は「寺納豆」として、今でも京都の大覚寺などで作られている。

※〈醤〉食材を塩漬けにして発酵させたもの。材料により、魚は魚醤、野菜は草醤、穀類は穀醤という。

時代年表（鎌倉時代～江戸時代初期）

この年表は、戦国史の数多い史実のなかから、おもな出来事、合戦などを掲載しています。

1185	文治元	頼朝が全国に守護・地頭をおく。
1192	建久2	奥州合戦。源頼朝が征夷大将軍となり、鎌倉幕府を開く。
1221	承久3	承久の乱が起こる。
1232	貞永元	武家政権のための法令、御成敗式目発布。
1274	文永11	元寇（蒙古襲来）は2度あり、2回目は1281年の弘安の役。
1297	永仁5	永仁の徳政令
1324	正中元	正中の変が起きる。
1331	元弘元	元弘の変が起こる。
1333	元弘3	北条氏が滅び、鎌倉幕府が倒れる。
1334	建武元	建武の新政
1335	建武2	延元の乱
1336	建武3	足利尊氏が挙兵する。
1338	延元3	足利尊氏が征夷大将軍となり、京都に室町幕府を開く。
1368	応安元	足利義満が3代将軍となる。
1391	元中9	明徳の乱
1392	元中9	足利義満が南北朝を統一する。

1401	応永8	日明貿易（別名勘合貿易ともいい、1549年まで19回行われる）。
1438	永享10	永享の乱
1449	宝徳元	足利義政が8代将軍になる。
1467	応仁元	応仁の乱が始まる。
1473	文明5	足利義尚が将軍になる。
1485	文明17	山城の国一揆が起こる。
1488	長享2	加賀の一向一揆が起こる。
1534	天文3	織田信長が生まれる。
1537	天文6	豊臣秀吉が生まれる。
1542	天文11	徳川家康が生まれる。
1543	天文12	ポルトガル人が種子島に着き、鉄砲が伝わる。
1546	天文15	足利義輝が将軍となる。
1549	天文18	フランシスコ・ザビエルが来日。キリスト教を伝える。
1553	天文22	武田信玄と上杉謙信の川中島の戦いが始まる。
1555	弘治元	厳島の戦い
1560	永禄3	桶狭間の戦いで、今川義元が織田信長に敗れる。
1562	永禄5	清洲同盟
1563	永禄6	三河の一向一揆が起こる。
1565	永禄8	足利義輝が三好三人衆、松永久秀に討たれる。
1568	永禄11	織田信長が足利義昭を奉じて入京する。
1570	元亀元	姉川の戦い。金ヶ埼の戦い。
1571	元亀2	織田信長が延暦寺を焼き討ちする。伊勢長島の一向一揆。
1572	元亀3	三方ヶ原の戦い
1573	天正元	織田信長が足利義昭を京都から追放し、室町幕府が滅亡する。

1574	天正2	伊勢長島の一向一揆を織田信長が鎮圧する。
1575	天正3	長篠の戦いにより、武田家が滅ぶ。
1576	天正4	織田信長が安土城の築城を開始する。
1577	天正5	織田信長が安土に楽市令を出す。
1578	天正6	上杉謙信が亡くなる。
1582	天正10	天正遣欧使節がヨーロッパに向けて出発する。本能寺の変で織田信長が明智光秀に討たれる。
		山崎の戦い。清洲会議。
1583	天正11	賤ヶ岳の戦い。大坂城の築城が始まる。
1584	天正12	小牧・長久手の戦い。
1585	天正13	羽柴秀吉が四国を平定する。秀吉が関白に就任する。
1586	天正14	徳川家康が秀吉に臣従する。羽柴秀吉が豊臣姓を賜る。
1587	天正15	豊臣秀吉が九州を平定する。前年に京都に着工した聚楽第がほぼ完成し、豊臣秀吉は大坂から移る。
1588	天正16	刀狩令が発布される。
1590	天正18	小田原城の戦いで秀吉が勝利して、全国統一がなる。
1592	文禄元	文禄の役が始まる。
1597	慶長2	慶長の役が始まる。
1598	慶長3	秀吉が五大老・五奉行を設置する。秀吉が亡くなる。
1600	慶長5	徳川家康が上杉征伐に出陣する。関ヶ原の戦い。
1603	慶長8	徳川家康が征夷大将軍に就任し、江戸に幕府を開く。
1605	慶長10	徳川秀忠が2代将軍となる。
1606	慶長11	江戸城の増築工事が始まる。
1614	慶長19	大坂冬の陣
1615	元和元	大坂夏の陣。一国一城令が発布される。武家諸法度が制定される。
1616	元和2	徳川家康が亡くなる。

戦国武将検定

戦国武将検定に出題されている問題内容は、この本のなかで紹介されている武将にちなんだものとなっています。ですから、あなたがこの本をどれだけしっかり読んだかが、試される検定でもあります。楽しく読んだ後、是非トライして、あなたの戦国武将力を確認してみて下さい。全問正解の検討を願っています。

戦国武将検定

Q1

織田信長は、桶狭間の戦いに出陣する時、幸若舞の「敦盛」を舞います。そのなかで、人間生まれて何年と謡われているでしょう?

Q2

武田信玄が、孫子の文言から引用した4文字をなんというでしょう?

Q3

年齢不詳でかぶき者とよばれ、後に会津の上杉景勝に仕官した武将名は?

Q4

秀吉と淀殿の次男で、後に千姫と結婚し、大坂夏の陣で自害する武将名は?

Q5

武田信玄と上杉謙信が生涯5度にわたって行った戦い名は?

Q6

明智光秀を「裏切りや密会を好み、計略と策略の達人」と評したポルトガル人宣教師の名前は?

Q7

長浜城でともに秀吉に仕え、難病にかかりながらも、関ヶ原の戦いでは石田三成との友情で西軍につく武将名は?

Q8

北条早雲が今川氏の家督継承問題解決後に与えられ、早雲の拠点となった城の名前は?

Q9

秀吉と明智光秀の山崎の戦いで、中川隊が占領した山の名前は?

Q10

上杉謙信に関東官領を譲った人の名前は?

Q11
嫡男義竜と戦った斎藤道三が戦死した戦い名は?

Q12
長宗我部元親が大切にした兵力で、普段は農業に従事し、戦いになると甲冑を身にまとって戦場に赴く人たちのことをなんといったでしょう?

Q13
色白で無口。また人見知りもしたことで、長宗我部元親は周囲からなんとよばれていたでしょう?

Q14
尾張国に生まれ、槍が得意だったことで「槍の又左」と渾名され、14歳の時に信長の小姓となった武将名は?

Q15
秀吉による小田原城攻めが行われた西暦と和暦は何年でしょう?

Q16
浅井長政と結婚した平井定武の娘の名前は?

Q17
キリシタン大名で知られる小西行長の洗礼名は?

Q18
片倉景綱の父親の仕事は?

Q19
織田信長の父親の名前は?

Q20
大内義興が上洛中の留守中、石見、安芸を攻めてきた出雲国の武将名は?

Q21
中央で力をつけた大内義興が、積極的に行った貿易の相手国は?

Q22
本能寺の変の後、秀吉が高松城攻めから、予想外の早さで山崎へ移動してきたことをなんというでしょう?

Q23
足利義昭が上洛するために織田信長に会います。その仲介をした武将名は?

Q24
1565(永禄8)年に、永禄の変がおき、第13代将軍足利義輝が暗殺されます。この時、事件を首謀した3人組の別名は?

Q25

今川義元の参謀として、甲相駿三国同盟成立に尽力した人の名前は?

Q26

片倉景綱の通称はなんというでしょう?

Q27

細川忠興の妻、細川ガラシャは誰の娘でしょう?

Q28

瀬戸内海の能島を本拠とした海賊で、厳島の戦いでは毛利軍に加担した水軍名は?

Q29

賤ヶ岳の七本槍のひとりで、秀吉の朝鮮出兵で虎退治の逸話が残されている武将名は?

Q30

1457(長禄元)年に太田道灌が完成させた城の名前は?

Q31

秀吉が、1577(天正5)年に中国征伐にきた時、黒田孝高が明け渡した城の名前は?

Q32

真田幸村という名前は小説のなかで作られた名前といわれています。では、実際の名前はなんというでしょう?

Q33

織田信長を裏切った武将で、日本初の自爆で亡くなった武将名は?

Q34

織田信長の資料として信憑性の高い『信長公記』の作者名は?

Q35

織田信長が幼い時に城主となった城の名前は?

Q36

大坂の陣で、真田丸という出城を造った男を評して、「あの世で酒を酌み交わしたい男」と言った武将名は?

Q37

上杉謙信亡き後、上杉景勝と上杉景虎が家督相続をめぐって争った戦い名は?

Q38

豊臣秀吉の妹で、徳川家康の正室になった女性の名前は?

Q39

1584(天正12)年に、豊臣秀吉と徳川家康が戦った最初で最後の合戦名は?

Q40

1575(天正3)年に、徳川家康・織田信長連合軍と武田勝頼の間で長篠の戦いが行われますが、主戦場となった場所の名前は?

Q41

立花宗茂の正室で、戦国時代に珍しく、立花の家督を継いだ女性の名前は?

Q42

12歳の時に織田家の人質になり、信長がその才を見込んで娘冬姫と結婚させた武将名は?

Q43

秀吉の側室となったお市の方の長女の名前は?

Q44

お市の方の3女江(お江与)が結婚した徳川2代将軍の名前は?

Q45

「3本の矢」「毛利両川」という考えで領土拡大を続けた武将名は?

Q46

1570(元亀元)年に行われた姉川の戦いで、浅井長政に加担した武将名は?

Q47

秀吉が築城した長浜城は、ある人の名前を1文字使用しています。その人の名前は?

Q48

秀吉が姉川の戦いの後、番を任された城の名前は何?

Q49

伊達政宗が着用したという『鉄黒漆塗五枚道具足と兜』は、ある映画の登場人物のモチーフとなりました。その映画のタイトル名は？

Q50

秀吉が、1590（天正18）年の小田原城攻めに参戦、協力しなかった奥州大名に行った、改易や減封をなんというでしょう？

Q51

秀吉が名乗る羽柴姓は、ある武将2人の名前を拝借してます。その2人の武将名は？

Q52

関ヶ原の戦い後に八丈島に流された夫に、妻のお豪は毎年お米を送り続けます。お豪の夫の名前は？

Q53

織田信長亡き後に行われた清洲会議で、秀吉が推した後継者の名前は？

Q54

大吉大一大万とよばれる独特の家紋で知られる武将名は？

Q55

信長による桶狭間の戦いが行われた西暦と和暦は何年でしょう？

Q56

幼名を長法師丸といい、1584（天正12）年に沖田畷の戦いで戦死した武将名は？

Q57

永禄の変では、細川藤孝によって奈良のお寺を脱出。後に足利第15代将軍となる武将名は？

Q58

死者の三途の川の渡し賃、という冥銭を意味する真田家の家紋は、なんというでしょう？

Q59

直江兼続の兜に輝く大きな文字は？

Q60

佐竹義宣の父で猛将とよばれた武将名は？

Q61

石田三成の幼名は?

Q62

関ヶ原の戦いで、敗北した島津義弘は、東軍武将も驚くような方法で退去します。その退去方法はなんというでしょうか?

Q63

藤堂高虎は、理想の主君を求めて主君代えを行いますが、何度代えたでしょう?

Q64

安国寺恵瓊が弟子入りした京都東福寺の住持の名前は?

Q65

1578(天正6)年に、島津義久と大友宗麟によって行われた戦い名は?

Q66

尼子再興を願う武将で、「願わくは我に七難八苦を与え給え」という名文句が残されている武将名は?

Q67

徳川家康を支えた「徳川四天王」と呼ばれる4人の武将名は?

Q68

徳川家康が、1600(慶長5)年7月25日、上杉征伐に行く途中、石田三成軍と戦うことを主な武将と評定で決めます。その評定名は?

Q69

15歳で尾張を出た秀吉は行商しながら東海道を東へ下っていったといわれています。行商していた物はなんでしょう?

Q70

織田信長と政略結婚した斎藤道三の娘の名前は?

戦国武将検定の答え

戦国武将検定の全７０問中、あなたは何問正解しているか、さあ確認してみましょう。

Q1 50年
Q2 風林火山
Q3 前田慶次
Q4 豊臣秀頼
Q5 川中島の戦い、川中島合戦
Q6 ルイス・フロイス
Q7 大谷吉継
Q8 興国寺城
Q9 天王山
Q10 上杉憲政
Q11 長良川の戦い（長良川合戦）
Q12 一領具足
Q13 姫若子
Q14 前田利家
Q15 １５９０年、天正18年

Q16 登代
Q17 アゴスチーノ
Q18 米沢八幡宮の神主
Q19 織田信秀
Q20 尼子経久
Q21 明
Q22 中国大返し
Q23 明智光秀
Q24 三好三人衆
Q25 太原雪斎
Q26 片倉小十郎
Q27 明智光秀
Q28 村上水軍
Q29 加藤清正
Q30 江戸城

Q31 姫路城
Q32 真田信繁
Q33 松永久秀
Q34 太田牛一
Q35 那古野城
Q36 徳川家康
Q37 御館の乱
Q38 旭姫
Q39 小牧・長久手の戦い
Q40 設楽原
Q41 闇千代
Q42 蒲生氏郷
Q43 茶々
Q44 徳川秀忠
Q45 毛利元就

Q46 朝倉義景

Q47 織田信長

Q48 横山城

Q49 スターウォーズ

Q50 奥州仕置

Q51 丹羽長秀と柴田勝家

Q52 宇喜多秀家

Q53 三法師

Q54 石田三成

Q55 1560年、永禄3年

Q56 龍造寺隆信

Q57 足利義昭

Q58 六連銭

Q59 愛

Q60 佐竹義重

Q61 佐吉

Q62 島津の退き口

Q63 7回

Q64 竺雲恵心

Q65 耳川の戦い

Q66 山中幸盛(鹿介)

Q67 井伊直政、本多忠勝榊原康政、酒井忠次

Q68 小山評定

Q69 木綿針

Q70 帰蝶、濃姫

あなたは何問正解しましたか?

戦国武将度を確認するクイズ、あなたは完璧ですか?

戦…1問~10問 もう一度本を読み返してみましょう。

国…11問~30問 他流試合に出て戦国武将力を高めましょう。

武…31問~50問 戦国武将ファンと名乗っても問題なし。更なる飛躍を。

将…31問~50問 あなたは誰もが認める戦国武将ファンです。胸をはってもOK。

超…66問~70問 免許皆伝をお渡ししたいほどの完璧な戦国武将ファンです。これからは、戦国武将ファン拡大に力を注いでいただければ嬉しく思います。

■参考文献

『戦国1000人』(株)世界文化社、『戦国大名106家 最強の系図』(小和田哲男著)新人物往来社、
『戦国なるほど人物事典』(泉秀樹著)PHP研究所、『地図で読み解く戦国合戦の真実』(小和田哲男監修)(株)小学館、
『信長・秀吉・家康の研究』(童門冬二著)PHP文庫、『図解戦国史』(東京都歴史教育研究会)成美堂出版、
『週間　再現日本史シリーズ』(株)講談社、『戦国国盗りガイド』(小山内新著)(株)新紀元社、
『歴史紀行　武田信玄』原書房、『別冊歴史読本　前田利家』新人物往来社、『天下　信長の生涯』(米原正義著)(株)淡交社、
『戦国武将100　家紋・旗・馬印』(大野信長著)(株)学研パブリッシング、『誰も書かなかった戦国武将96人の真実』新人物往来社、
『歴史百科　日本人物事典』新人物往来社、『戦国合戦詳細地図』インフォレスト(株)
『時代を動かした名将の言葉』(戦国歴史研究会著)PHP研究所

主な人名INDEX

あとがき

戦国武将が好きだから、武将についてのことは、それなりに知っていたつもりです。だけど今回本書を執筆するにあたり、改めて資料を読み返していたら、それぞれの武将の魅力を再発見したり再び惚れ直したり、また、武将の名言に力をもらったりというように、とても楽しい時間が過ごせたように思います。

そうしたなかで、武将の人生を現代の自分に照らし合わせてみると、今までなんとも感じなかったことが、とても凄いことのように思われ、現代がいかに幸せであるかを認識させられます。そのひとつが武将たちの初陣です。

家督を継ぐ武将たちの多くは、14歳、15歳の元服を過ぎると戦いに出るようになります。戦いに出ることはそこに生死がかかっているのですから、かなり強靭な意志をそなえていないと、とても怖いことのように私などは思います。それが戦国大名家に生まれ、家督を継ぐというだけで、14歳、15歳を過ぎると、命をかけた戦場に向かわなければならないのです。勿論、勝つか負けるかの判断も迫られます。そう考えたら戦国武将は、実に厳しい家庭環境で育てられ、社会形態のなかで生きていたことを思い知らされます。ちなみに、織田信長が約2千人ほどの兵を引き連れて今川義元に立ち向かった桶狭間の戦いは、信長27歳です。私が27歳の時は、などと考えたら少々情けなくなってきたりもするわけで、ただただ敬服の一語です。

また、女性も男性同様に厳しいなかで生きていました。例えば政略結婚という形態のもと、自分の意志とは別に若年齢で嫁いでいます。浅井長政のもとに嫁いだ平井登代は、12歳だったとのこと。まだまだ両親に甘えていたい年齢です。けれど彼女たちは、そうした年齢でも、嫁ぎ先の家風、しきたりに合わせて、泣き言もいわずに夫である武将に尽す。それだけではありません。仮に戦いに敗れたら、夫同様自害することもあるのです。信長の妹お市の方は夫柴田勝家と自害、豊臣秀吉の淀殿は大坂の陣で息子秀頼と自害。また、黒木家永の娘は、13歳で父の介錯をしたといわれています。

21世紀と16世紀を同一にはできないけれど、戦国時代の武将をひもとくと教えられること学ぶことが一杯で、生き方のモデルとなる武将もたくさんいて、知れば知るほど面白く、楽しくこんなにためになる時代はないように思います。だから、1日の仕事を終えての読書の時間、戦国武将をひも解きながら、あなたのお気に入りの恋人や心で語り合える友人を見つけるかのように、戦国時代、戦国武将を楽しむというのはどうでしょう。そんな時、本書がその道しるべとなることが出来れば嬉しく思います。いつの日かあなたが、戦国武将という恋人や友人の自慢話が出来る日がくることを、願ってやみません。

両洋歴史研究会　のしろや秀樹

●文　のしろや秀樹・松田豊

●編集　のしろや秀樹・浅井精一・魚住有・木村優介・宝福志穂
五十嵐ひなの・岡部のぞみ

●制作　カルチャーランド・デイズクリエイティヴ・両洋歴史研究会

戦国時代のひみつ
乱世の歴史がわかる本　武将と合戦超入門

2021年6月30日　第1版・第1刷発行

著　者　両洋歴史研究会（りょうようれきしけんきゅうかい）
発行者　株式会社メイツユニバーサルコンテンツ
代表者　三渡　治
〒102-0093 東京都千代田区平河町一丁目1-8
印　刷　三松堂株式会社

◎「メイツ出版」は当社の商標です。

ISBN978-4-7804-2496-6 C2021 Printed in Japan.

ご意見・ご感想はホームページから承っております。
ウェブサイト　https://www.mates-publishing.co.jp/

編集長：折居かおる　副編集長：堀明研斗　企画担当：堀明研斗

※本書は2010年発行『戦国時代』の内容の確認と一部必要な修正を行い、
書名・装丁を変更し再発行したものです。